U0925873

知心书

被傲慢绑架

自恋人格说明书

LE
BAL
DES
EGO

[法] 洛朗·施米特 —— 著
周行 —— 译

LAURENT SCHMITT

生活書店出版有限公司
生活·讀書·新知三联书店

图书在版编目（CIP）数据

被傲慢绑架 ：自恋人格说明书 /（法）洛朗 · 施米特著 ；周行译 . — 北京 ：生活书店出版有限公司，2022.7

ISBN 978-7-80768-354-4

Ⅰ . ①被… Ⅱ . ①洛… ②周… Ⅲ . ①自我－哲学理论 Ⅳ . ① B017.9

中国版本图书馆 CIP 数据核字（2021）第 034017 号

选题策划　阳光博客
责任编辑　杨学会
特约编辑　牛瑞华　滕　钰
书籍设计　左左工作室
责任印制　孙　明
出版发行　生活書店出版有限公司
（北京市东城区美术馆东街22号）
图　　字　01-2019-1526
邮　　编　100010
经　　销　新华书店
印　　刷　北京启航东方印刷有限公司
版　　次　2022年9月北京第1版
2022年9月北京第1次印刷
开　　本　880毫米 × 1230毫米　1/32　印张5.25
字　　数　108千字
印　　数　0,001-6,000册
定　　价　48.00元
（印装查询：010-64052612；邮购查询：010-84010542）

自恋者需要他人的照亮，

但不会给予对方任何价值或关注。

目录

引言

自大又孤独的灵魂

幸好，人际关系心理学为我们理解这类人的行为及其背后的推动力提供了越来越多的线索，并帮助我们弄清楚他们为什么不断以碾轧他人的方式来肯定自己。

人类历史上向来不乏自大又孤独的灵魂，其表现往往是自命不凡或蛮横无理。

假如维克多·雨果当年没有那么强烈的“自我”，他会不会写出同样的作品？他在流亡泽西岛时参加了“转桌招魂法术”的试验，自称招来了莎士比亚、穆罕默德和耶稣的灵魂，与他们平起平坐地交流谈话。他问自己：我是先知，还是诗人？他认为自己介于神与人之间。

近一点的例子是球星克里斯蒂亚诺·罗纳尔多，2013年底，他自掏腰包开了一个专门展示个人成就的纪念馆。

在日常生活中，有些人表现得不顾及他人、极度自私，以贬损他人来肯定自己的个性，也会使人感到惊讶、失望或受伤。金融诈骗犯麦道夫毫无顾忌地毁掉了慈善机构和大学委托他管理的基金。

……

如今，有个性的人越来越多，每个人也都希望自己在工作中得到认可，希望自己的贡献得以体现，而对于来自他人的冷漠、轻蔑及鄙视会感到痛苦。

这类人无一例外地倾向于以贬损他人来突出自己，践踏他人的劳动，甚至将他人的功劳归于自己。幸好，人际关系心理学为我们理解这类人的行为及其背后的动机提供了越来越多的线索，并帮助我们弄清楚他们为什么不断以碾轧他人的方式来肯定自己。

其背后的机制类似大陆板块构造上的“断层线”。

第一个板块是人与人之间平等、友好的深刻情感，它因与某些当代人对自己的生活、财富和权力的炫耀发生冲突而遭受了很大压力。

第二个板块与上一个板块之间也存在张力和摩擦，它就是人们想显得与众不同的欲望，想活得脱俗，想与他人相比具有独特性甚至优越性。

最后一个板块是21世纪所独有的，其根源在于今天社会关系的高度媒介化。社交网络将自拍照片和视频无限传播，形成了“自我之旅”的新幻象。在这个美妙的新世界中，人们需要寻求他人的认可和羡慕。

这些板块之间的碰撞便是多重挤压应力（冲突）的源头。人们宣扬对彼此友好，但其实都想支配他人。为了与他人友好相处，人们在社交媒体上分享个人照片，但是这一做法反而会引发人际关系不和，引起嫉妒和争斗。

傲慢自大的人，并不满足于在婚姻或家庭生活中表现出自己的特点。他们真正的“扩音器”是社交场合。当然，一个人独处时可以自我膨胀，认为自己超越凡夫俗子，拥有堪比超级英雄的非凡本领。但只要他是自己一个人待着，这种想法就只局限于个人空间和内心深处。

而“傲慢者的舞会”指的是在社交环境中显现出来的奇特人格。每个舞会都有音乐、舞蹈和舞蹈编排，更有各地来宾，有的是舞者，有的是骑士，他们代表了舞会当中不可或缺的角色。

傲慢自大的外在表现很容易被人察觉，而根本的问题是“自我存在感”无限增强，就像拉·封丹的寓言里所写的，青蛙想变得和牛一样大。

其实，这类人已经被自己内心的傲慢绑架。他们的内心历来如此，只是现在被各种媒介描绘得淋漓尽致，在报纸、电视节目、推特上也有曝光，他们的傲慢和自大展露无遗。

为什么我们觉得傲慢自大的人越来越多呢？是因为全球人口增长，所以这样的人也多了起来这样简单吗？还是说某种文化演变在影响了个体人格建构的同时也影响了社会结构，从而导致更多的利己主义或自恋型人格的出现？

当我们惊讶于傲慢自大的人提出的过分要求，他们表现出的自负和优越感，以及他们给我们带来的消极情绪时，我们难免会思考以上问题。

这些异乎寻常的经历，这种自己与对方步调不一致、彼此不合拍、被掠夺或操纵的感觉，所有的这一切，为我们拉开了“傲慢者舞会”的序幕。

第一章

自恋新态势

社会中，还存在着另一种现象，
即围绕鸡毛蒜皮的小事发生矛盾和争斗，
也就是弗洛伊德所谓的“微小差异的自恋”。

为什么是他而不是我，他哪点比我好？

为什么我的名字没有排在前面？

自人类诞生开始，人和人之间就存在着支配和竞争。个体之间的这种竞争关系，被喜剧演员很好地抓住了，比如喜剧电影《巴格达怪杰》中哈里发的大臣伊兹诺古德，他心里始终有一个念头："我想成为哈里发，取代哈里发！"他一辈子就围绕着这一个想法，这是他一切冒险行动的根源。伊兹诺古德象征着竞争所具有的黑暗力量：虚伪、嫉妒、阴谋、自私。伊兹诺古德的形象不仅出现在喜剧电影中，还进入了游戏世界。而"成为哈里发，取代哈里发"也演变为俗语，成为想要满足权力欲并推翻上级的象征。

自有人类开始，一直存在权力竞争。公元前 400 多年，修昔底德和阿西比亚德斯之间的对抗就是一个极佳的例子。政治家和历史学家修昔底德激烈反对想让雅典卷入对西西里岛战争的阿西比亚德斯。修昔底德将阿西比亚德斯描述为一个目空一切的人，他引用阿西比亚德斯的话来讥讽他本人："没有人比我更适合发号施令……令我招致恶意的恰恰给我带来荣耀……”修昔底德后来因被诬贻误军机、有通敌嫌疑，而被革职并流放。

修昔底德对阿西比亚德斯表达了强烈的不满：“很多人惧怕他，被他穷奢极欲的生活和在行动中表现出的巨大野心吓倒。如果阿西比亚德斯想开战，那是为了他自己的利益，为了满足自己的虚荣心和发号施令的渴望。”

这是一个永恒不变的问题：自古以来每个人心中都有自己认定的准则，个体之间甚至会展开争夺支配地位的斗争（所以，《圣经》中一再强调“要像爱自己一样爱你的邻人”）。这一问题的根源在哪里？

占据支配地位的需求

第一个解释来自对动物社会的观察。许多物种中都有一个占据支配地位的个体（“王者”）。这个占据支配地位的“王者”能享受食物特权或性特权，群体中的其他成员都会追随并臣服于它。在黑猩猩群体中，想要占据支配地位的黑猩猩会使用复杂巧妙的办法，如拉帮结派或建立政治联盟，从而获取掌控整个群体的权力。

在人类社会中，占据支配地位的需求来自多重因素。常见的情况如一个人自视过高，试图压倒别人——因为他的出身、学历或社会地位好，便自认为高人一等。

“自认为比别人强”也是自恋的重要表现之一。修昔底德在尖刻讽刺阿西比亚德斯时说：“一个傲气的人不与世俗同流，这难道是一种罪？所有与众人不同的人在世时都会遭人嫉妒，甚至被身边的人嫉妒……”

另一种情况恰恰相反，因为出身低下、身材矮小、自我感觉受到迫害或排挤，从而想找到一种补偿。这种寻求补偿的想法促使亿万富翁、船王亚里士多德·奥纳西斯追求美国总统肯尼迪的遗孀杰奎琳，因为她代表着奢华和权势。这种行为表明：家族世代相传的关于成功的价值观和整个社会对名望、权势的看重是不言而喻的。

圣奥古斯丁在《忏悔录》中承认受到“被人敬畏或被人热爱”的诱惑，但他坦白说这种“虚名”是一种“欺骗”，是“令人作呕的虚荣心”作祟。这说明占据支配地位的需求有多种表现形式。此事往往无关生死，可能只是因为占据上风而扬扬得意。

德国哲学家胡塞尔和他的学生海德格尔之间也发生过激烈的争斗，年长的胡塞尔对海德格尔表现出绝对的信任，海德格尔则猛烈批评胡塞尔，并在公开场合对其进行诋毁。当纳粹公然推行反犹太的清洗法案时，海德格尔没有站出来维护自己的导师，胡塞尔最终不得不从大学辞职。胡塞尔说“最后给我最重一击的是海德格尔”。而要成为一个哲学思想流派的领袖是海德格尔这么做的动机之一。

“卢梭式的友好”与“微小差异的自恋”

在卢梭看来，人应活在自由和平等的环境中。他认为，对他人的爱是人性具有的“可完善性”的一部分。

当前时尚之一就是“卢梭式的友好”。在脸书上，我们有成千上万的“朋友”。各大品牌和集团的广告、公司文化宣传以及无数俱乐部（消费者俱乐部、股东俱乐部、用户俱乐部）都鼓吹这种亲近和睦的氛围。所谓“友好”，宣扬的是轻松、简单、自如且平等的人际关系，与之相关的还有美好的共同生活、团队协作以及信任友善的氛围。但是，在经济不景气或人力资源管理僵化导致职场竞争加剧时，这种所谓“友好”的表象就分崩离析了。

社会中还存在着另一种现象，即围绕鸡毛蒜皮的小事发生矛盾和争斗，也就是弗洛伊德所谓的“微小差异的自恋”。这种自恋让支持同一足球俱乐部却来自不同球迷会的球迷们势不两立；相邻的两个城市巴约讷和比亚里茨的足球俱乐部也会因球赛而反目成仇。其实这两个俱乐部相距不足15公里，它们都是巴斯克地区的大俱乐部。从球迷的涂鸦文字中就可以看出来：“我支持比亚里茨和巴约讷的所有敌人。”

这种微小差异的自恋也可以解释为什么有些人爱强调自己的家乡是布列塔尼、欧西塔尼或阿尔萨斯。在十分相似的生活空间中，许多人看起来差不多，微小差异的自恋就成为竞争的驱动力。在大多数情况下，这种竞争仅限于仿效或竞赛，在个别情况下，则会导致社会排斥和暴力冲突。

这些问题在引言中被比作大陆板块之间彼此挤压造成的断层线，并将导致一个巨大的矛盾：人人平等友好的感觉和个体追求差异化的需求之间的矛盾。个体都希望自己活得独特，具有个性，甚至优于他人。

标准化与独特性

与过去相比，现在越来越多的人正在接受所谓的共同文明。在不同的大都市里，可以看到很多相同的大品牌。然而，在这种标准化的大趋势之中，存在着强化个人身份的根本需求。心理学家卡洛·施特伦格提出，“在全球‘自我交易所’里，每一个个体就像在华尔街上市的股票，其股价随着点击量、好评数或个人在职场级别、社会阶层、朋友圈排名中的位置上下浮动”。

种族团体、宗教团体、球迷组织的发展壮大也是一个例子。让我们听听某个来自布宜诺斯艾利斯的博卡青年队球迷是如何祈祷的：“拜托，请尽你所能把我的骨灰带进糖果盒球场（阿根廷博卡青年队主场）并撒在场上。”博卡青年队的忠实球迷对球队的感情至死不渝，甚至死后还要和球队在一起。这种归属感体现在球迷们的遗嘱里，球迷们的骨灰经常被人从美国用船运回巴西并撒在球场内。对球队的归属感甚至超越了对家庭或城市的归属感。

为什么现在要关注这种现象？

前文提到的矛盾冲突使人们感到困惑。在一片鼓吹友好的环境中，私人生活或职业生涯一旦突然发生变故，问题就会暴露出来，具体表现为工作上的困苦以及躯体化障碍或肌肉骨骼疾病：疼痛、疲劳和极度无力之感。接连发生的公司雇员自杀事件揭示出了人际关系和人力管理对个体生活造成的重大影响。同样，某些人的性格使他们无耻地享受着对他人的控制，比如小老板、企业暴君、职业骚扰者等。我们现在对这种人有了更清楚的认识，知道这种人会产生破坏作用，甚至会摧毁那些担心失去工作和害怕无法融入社会生活的人。

以前，生存原则就是工作和服从，没人想过反抗。自从生活质量、职场福利、工作中应以人为本等概念渗透到我们的日常生活中之后，这些自视过高、喜欢贬低别人的粗暴又专横的人开始变得格外显眼。他们这种过度的自我是如何诞生的？有些什么表现？如何识别他们并试着反击？所有这些问题都亟需解答。

第二章

自我心理学

在自我心理学中，家庭环境和外部事件被赋予了极大的重要性，
而冲动和幻想对自我意识的作用则没有那么直接。
简而言之，人际关系才是根本。

什么是“自我”？对这个问题，每个人都有自己的回答，“自我”属于日常语言，就像“压力”或“精神分裂症”这些词一样，有着多重含义。

实际上，“自我”有两个含义，且彼此并不重合。这两个含义基本上涵盖了“自我”这个词在绝大多数情况下要表达的意思。第一种含义是最常见的，即日常语言中的“自我”，带有骄傲、自负、自私或虚荣的意思。第二种属于心理学范畴，即在“本我”与“超我”两者之间，有一个系统在掌控内部冲突和冲动，试图适应外部现实，其最终结果是产生了我们的人格——“自我”。如果请几个人来对“自我”下定义，他们会谈到自尊、自我满足，但也会提到自己感觉太过良好，把自己当成大人物或有价值的人这种情况。

如果我们想留在心理学的范畴里讨论，就应该回顾一下“自我意识”的根源及其功能。

“自我意识”

起初，“自我”是一个统一体，婴儿的所有身体感知，包括外部和内部感觉，被统一起来，逐步有了一个完整的“自我”。

然后，个体开始区分什么是自己，什么是别人。他明白需要和满足之间存在延迟，比如感到饥饿和母亲来给他喂奶。对延迟概念的理解引入了时间性，有的需求会得到即时的满足，有的需求则被延迟。婴儿因此发展出想法、疑虑，自我于是逐渐成为“自我意识”。

自我意识被认为是一个过滤器和一个组织体——

1. 作为过滤器，它能感知来自内部和外部的危险信号。如果个体因为感觉到某种危险的存在而产生焦虑，这种焦虑最终将演变成多种形式，可能与某些想法或某些令人不安的外部情况关联在一起，或者变成某种恐惧症。
2. 作为组织体，自我意识具有将初级信号转化为更复杂的次级信号的能力。这些初级信号，如冲动、植物神经反应、心跳加速、脸红、出汗和身体的躁动会被转化为想法或图像。次级信号反映的是一种引导、一种阐述，通过逻辑思考、推理、想象和创造表达出来。

自我与外部世界及其最初的主要代表“母亲”持续互动。母亲参与初级过程，摇晃婴儿的身体，给予他温暖并带来气味和节奏。母亲对婴儿的饥饿和口渴做出回应。同时母亲也介入次级过程。

大约在婴儿九个月大的时候，他看见母亲之外的陌生人的脸就会感到不安。初级过程或次级过程的调节失败会造成主体的分裂和缺陷，从而影响自我形象的统一整合，或影响与他人和外部世界的关系。这些异常可能改变主体的自我。缺少母爱、有严重的身体疾病和精神创伤会影响自我的发展和顺畅运作，导致心智不太成熟，比如相信魔法，不会控制冲动或常有不理性的想法。

对自我运作机制的关注催生了心理学的一个重要流派：自我心理学。

自我心理学

自我心理学主要在北美发展壮大。这个流派侧重自我的功能，其中最重要的是依照个体的发育年龄，妥当地调节本我与超我之间的相互作用。在自我心理学中，家庭环境和外部事件被赋予了极大的重要性，而冲动和幻想对自我意识的作用则没有那么直接。简而言之，人际关系才是根本。

针对自我心理学有一些批评（我们在此不对理论之争做过多讨论），其中之一是自我心理学较少关注无意识的欲望和主体的冲动，以及过于重视主体对现实的适应功能。

还有人批评自我心理学急于摆脱“儿童性心理的枷锁”。精神分析学家哈特曼对自我功能进行了更深入的研究，称之为“自己的利益”，这与“自利”的概念——多指个体捍卫自身（利益）或把自己摆在第一位——不谋而合。

和谐发展的自我

当自我和谐发展并能与个体融合统一时，它会赋予个体一系列能力或品质，这些能力或品质对个人意识及人际关系起着很大的作用。

第一，克制冲动。克制冲动使个体不会一触即发，能够延迟反应，避免伤害他人，比如可以防止我们一怒之下攻击激怒我们的人。对冲动的控制因人而异，以汽车追尾为例，有些人的暴力如火山爆发不可控制，而另一些人的暴力可以通过所谓“友好协商”的过程被代谢。

第二，容忍不愉快情绪的能力。如果容忍度恰当，个体可以忍受难受的情绪，可以对它进行思考，并远离它们。如果容忍度不够，个体会经历极大的痛苦，感觉无能、被遗弃，并通过自我攻击行为或摄取酒精、药物来逃避。

第三，判断和预判的能力。判断是决策功能，即做出最符合个人利益的决定。判断是一个复杂的脑力操作，要权衡“利弊”，并考虑到自己所处的环境和过往的经历。而预判是每个策略参与者都很熟悉的心理过程。一位棋手每走一步棋都会想象这一步棋对之后棋局的影响。预判让我们可以想象某些行为将给自己的生活或他人的生活带来何种后果。战略家或政治家一般拥有极为强大的预判能力。

第四，忍耐或坚忍。无论是在学习中，还是在面对和克服障碍时，坚持把一件事做下去，不让自己一遇到困难就倒下，所有这些能力都跟自我的和谐发展相关。

第五，共情能力。共情是能够感同身受地理解他人的能力，它使人能够感受他人的情感和难处，理解他们并尝试提供帮助和支持。而傲慢自大的人通常缺乏共情能力，这些人的口头禅就是“我我我”“我先”“只有我”“全归我”。可以说，缺乏共情是一种自我发展的消极特征。

自我的消极特征

在自我的消极特征中，最突出的一点是以否定他人为代价来肯定自己。这种肯定自己的需求表现为自我感觉了不起或喜欢炫耀。自我感觉了不起，也就是说自视甚高，有一种自己拥有权力、成功和完美外表的幻觉：我们都能看出别人身上的那种自我感觉了不起。这种人认为自己优于他人，并期望获得尊贵待遇。炫耀的需求体现在他对珠宝、服装、配饰、汽车或住宅的选择上，他总会亮出最流行的时尚单品、最新款的手机、最精致的手表，总而言之，让别人羡慕、嫉妒，以此证明他是个不一般的人。

自我的另一个消极特征是利用关系和朋友来达到个人和功利的目的。傲慢自大的人往往操纵同事或朋友，试图利用他们，说服他们站在自己一边，总是期待别人给自己帮忙，希望别人对自己有利用价值。

身份认同与病态自我

身份认同会使孩子变得像父母之中的某一个，在这一过程中父母想让孩子弄清楚自己为他规划的未来目标，并努力去适应。身份认同不仅是建立亲子关系，还包括孩子接受父母的梦想，尽管父母不一定明确地说出他们的想法。

如果孩子认同父母公开或潜在的愿望，就会建立一种积极的人际交往模式，甚至为实现这一愿望而拼搏。

如果父母的梦想本身无法实现或孩子没有能力去实现时，这种身份认同就不能实现。有时候，孩子反抗父母，跟父母对着干：警察的孩子偷东西，知识分子的孩子当工人，老师的孩子成绩很差。

有时候，孩子将孩童时期经历的痛苦、自卑、不满足感或遗弃感“升华”为病态的目标。所谓“升华”是指通过智力、权力或金钱上优于他人来进行报复的机制。这种报复机制是野心的组成部分，是想要成功、摆脱原本阶层和现状的欲望，也是“病态自我”的一种形成机制。

还有一种机制也会导致病态自我的形成，即一个人凭自己的看法把他人归类：一类人对自己有用，赞同自己或恭维自己；另一类人则对自己无用，甚至与自己敌对。有些人可能先被划分到其中一类，后来又被划分到另一类。曾经的崇拜者如果不再崇拜自己就变成敌人，一个可以利用的无关者则可变成“朋友”。

在投射式认同中，还存在另一种可能的机制，即投射机制，其中病态自我给周围的人赋予不同的品质（或真或假）。一旦做出这种投射，他们就会根据自己赋予他人的品质来调整与他人的关系。如果他认为一个同事不够好或无能，就会轻视、蔑视或敌视他。他在意的不是实际情况，而是他虚构出来投射在此人身上的品质。

贝特朗是一个外省高尔夫俱乐部的老会员，加入该俱乐部需要得到有影响力的老会员的举荐。贝特朗想成为俱乐部主席，于是开始四处活动。他跟每一个会员交谈，并邀请其中一些人共进午餐，出席每次锦标赛的颁奖仪式。在这个阶段，俱乐部的会员都是他的“朋友”，他赞美他们的各种优秀品质：体育精神、事业成功、德高望重。但是在选举中，贝特朗没有当选，他以几票之差被俱乐部中一位更年长、更资深的对手击败了。当时他承认自己的失败，却很难衷心祝贺对手。很快，没过几周，他嘴里这些俱乐部的“朋友”就成了无能、肤浅、虚伪之人，贝特朗对他们态度冷淡，认为这个俱乐部配不上自己。

在这个例子里，我们不仅看到了预判机制，还看到了归类和投射机制，原本被他欣赏的俱乐部会员很快就变成了不符合他的期待的差劲的坏人。

可塑的“自我”

在一部电影中，奥地利登山家海因里希·哈勒表现得傲慢、自负。他抛下怀孕的未婚妻，独自一人去攀登喜马拉雅山。被英国人抓住囚禁后，他逃了出来，跑到拉萨。然后，在藏传佛经的熏陶下，他的个性发生了变化，变得有人情味，更加合群，这里面暗含了佛教里强调的摆脱自我的意思（“无我”）。这个所谓的“自我”建立在权力、财富、智力、美貌或成功等具有易变属性的事物之上，诱使主体不断追求更多，追求他人的认同。

可见，“自我”并非一成不变，但这个转变要从承认“病态的自我”开始，并接受对原本自我的重建。就登山家而言，他的朋友让他意识到自己自大的个性，而悲惨的遭遇使他转换思考方式，变得更加富有人性。

第三章

自大的根源

傲慢自大，即觉得自己是一个非凡的人，
源于家庭、个人、社会等层面的多种因素，
任何单一层面的元素都无法完全解释它。

在希腊神话中，自大意味着傲慢（hubris），起初用于那些想与神比肩的人，他们想超越神，渴望得到比命运分配的更多的东西。他们这么做将面临如下惩罚：复仇女神涅墨西斯会成为他的敌人（字面意思为“毁灭”）。

所以，从神话时代开始“傲慢”就为人所知，那么它是如何出现和发展的呢？

傲慢自大，即觉得自己是一个非凡的人，源于家庭、个人、社会等层面的多种原因，任何单一层面的元素都无法完全解释它，但其中一些因素在傲慢自恋者身上较常见，这些元素也可以同时发挥作用。

家庭根源

在让－保罗·萨特的短篇小说《一个企业主的童年》中，小男孩吕西安问他的父亲：“我也会当老板吗？”“当然，我的孩子，这就是为什么我会养育你。你将成为我们家工厂的老板，你会指挥我手下的工人……”

正如萨特的短篇小说所写的那样，一些家庭会将孩子培养成其自恋父母的延伸。孩子要有成就，且成就要赶上父母，如果可能的话，还要超过父母。

吉尔贝的父母喜欢在电视上看网球比赛。他们对网球的热情是持久的，他们关注所有大型国际比赛：罗兰·加洛斯（法国网球公开赛）、温布尔登网球锦标赛、美国网球公开赛……吉尔贝5岁时就开始学网球，上课练习并加入俱乐部。他的父母让他参加比赛，鼓励他，而每当吉尔贝输掉比赛时，他们就会在他面前表现出气恼甚至恶意。每次比赛，父母都会坐在球场边看着他，为他鼓掌。每当他打出一个坏球，父母就大怒，致使吉尔贝有时会作弊，宣称对手的好球是“坏球”。有时候父亲的责备非常尖刻，让他痛哭。吉尔贝的球技日益进步，父母便把他送到一家美国网球学校，希望他能成为球星。母亲甚至辞掉了工作陪伴他。吉尔贝必须实现父母的愿望：成为一名伟大的网球运动员。

研究一下网球明星威廉姆斯姐妹的成长轨迹，我们就能感知她们的父母，特别是她们的父亲，在姐妹俩的职业网球运动员生涯中投射了多少自己的梦想和期望。

法国网球选手马里昂·巴托丽也是如此，她的父亲在很长一段时间内担任了她唯一的教练。

造型师兼时尚设计师卡尔·拉格斐曾讲述他的母亲如何强迫他每天背诵一页词典，如果他弹钢琴时速度太慢，她就会把琴盖翻下来砸他的手指，她要求他加快语速，并教他要自我感觉优于别人。

在某些情况下，家庭对孩子的过度保护和赞美往往是因为这个孩子出生前有一个哥哥或姐姐早夭。因此，他被父母看作是急需保护的对象，认为他很脆弱，必须受到特别关注和照顾。

在另一些情况下，兄弟姐妹几个从父母那里得到的温柔和爱是有区别的。有些孩子得到了更多的照顾和爱，被父母鼓励和偏爱，其他孩子则不太受宠。在这种家庭中，最重要的是规则、学习成绩和教育。温柔、慈爱和感情表达居于次要地位甚至不存在。

对儿子寄予厚望的母亲将引导儿子实现她想象的未来。共和国总统们会向这些母亲表示敬意，比如尼古拉·萨科齐或弗朗索瓦·奥朗德。

还有一种情况，父母缺乏情感表达的能力，使孩子觉得自己得到的爱不够。孩子因此产生要超越自我的欲望，想变得足够好，填补爱的空虚，超越父母的期望，从而得到父母的爱。

对童年缺失的过度补偿

对于许多傲慢自大的人来说，他们的早年生活往往比较艰难。很多人曾是孤儿，境遇悲惨，遭人嘲弄或排斥。

在莎士比亚的《理查三世》中，登上王座的格洛斯特哀叹自己畸形的外表："我被剥夺了五官端正的相貌，欺人的造化把我残害得好苦！畸形，还没有完工，还没到时候，就把我推到了人世，瘸着腿，拐着步子，让人看不入眼。狗子冲着我高声叫，看不惯我的一步一拐……我只配呆看着阳光下自己的黑影，恨自己生就这残废丑陋的身材……我横下心来，决定做一名坏蛋，恨透当前那没日没夜的欢乐。"因为自惭形秽，格洛斯特决定采取报复行动，他开始变得残忍，并施展阴谋诡计夺取王位。

弗洛伊德将格洛斯特这样的人称为"与众不同的人"，这些人感到自己早年或童年阶段遭受的痛苦和偏见如此之大，以至于他们不再服从公序良俗，只服从自己的欲望。

有许多这样的例子，都是为了报复生活中遭遇的不公或自己的先天缺陷。其中最著名的例子是塔列朗。他出身于一个非常古老的贵族家庭，因为生来跛脚而被剥夺了长子继承权。他进了修道会，但疯狂玩乐，包养了许多情妇。他用机敏、智慧和激情勾引了很多女人，绰号"跛脚魔鬼"，后来当上拿破仑的外交部长。1814 年拿破仑战败后，他成了维也纳会议的关键人物之一。当年有一个说法，说塔列朗死后到了地狱，魔鬼见了他说："王子，你大大超出了我给你的指示。"

这种认为自己与众不同的感觉导致一些人突破规则和习俗。他们认为自己遭受了苦难，于是要向人生复仇。

陶醉于权力

英国自由历史学家和政治家阿克顿勋爵在1887年4月的一封信中写下了他的格言："权力导致腐败，绝对权力导致绝对腐败。"这句格言非常适用于那些我们在职场上遇到的小老板，他们有时就像大独裁者或暴君一样，一旦有权力对他人构成影响或施加控制，就会滥用这种权力。

傲慢是如何形成的？滋生傲慢的土壤可能是明显的自恋人格，这样的人会渴望把自己表现得光彩夺目，而且往往对事件和局势有着全局视角或救世主心态。作为个体，却把自己与某个政治行动或国家混为一谈。有时，这种人会用第三人称来谈论自己，或使用"我们"这样的字眼来强化这种混淆不清，表现出无所不能。这种人具有多动、冲动的特征，总想着立马找出解决方案。当局势发展证明他们的战略或决策正确时，他们就会进一步觉得自己无所不能。渐渐地，他们开始突破共同的规则，要求别人少说多做，且更加崇拜并效忠于自己。

当一个人已经拥有极大的权力，这种权力会让他如同瘾君子被毒品扭曲一般任其摆布。按照欧文的说法，在入侵伊拉克期间，小乔治·布什和托尼·布莱尔正是如此。虽然顾问们劝阻他们不要发动伊拉克战争，但他们坚信自己正确，并且在没有任何确凿证据的情况下声称伊拉克存在大规模杀伤性武器，为进攻和发起战争找理由。据当时的英国驻伊拉克大使所说，这场行动没有指挥、战略、协调、组织，是在伊拉克人民完全不可理解的情况下进行的。英美两国元首却认为这场战争是反恐斗争中绝对必要的行动 是西方对邪恶势力的防御，是对人性价值的守护。

政治家们的这种自我膨胀也存在于骗子身上，金融家麦道夫就是如此。他除了具有极度的自恋之外，还有一些病态心理，使他自认为可以超越所有规则。他需要强烈的刺激，而且情绪波动强烈，很像是双相情感障碍患者。他们在努力往上爬时，亲近的人和合作者会发现他们变得越来越让人难以忍受。这种雪球效应，权力的毒性，就像一种兴奋剂，这也是为什么这些陶醉于权力的人在失去权力时会出现抑郁症状。毕竟，跌下权力的宝座令人痛苦。

虚荣，人性的特点

数百年前，人们就感到有必要思考人生当中的某些东西是多么虚荣而短暂，比如金钱、荣誉和权力。

文艺复兴时期的绘画中，出现了一种很常见的绘画类型——虚空画，这种画似乎是要提醒人们看淡凡夫之权势的象征和价值。这种在 15 世纪到 17 世纪流行的画派往往表现的是摆在桌上的各种无生命的物体：头骨、沙漏、凋谢的花朵——证明人在时间面前无比脆弱。虚空派的画作也经常表现为书籍、武器、珠宝或金钱，引导观者反思知识和权力的短暂。虚空派的画作让人认识到尘世间各种财富、地位或身份具有的巨大诱惑力，会令人过于骄傲自大。外表、形象和排场取代了人生的现实、根本及严肃性。他人的赞美、奉承和崇敬强化了自大的感觉，有些人甚至沉溺于他人的吹捧而失去了与真实世界接触。他们所接触到的仅仅是溜须拍马者、下属或亲近的人用花言巧语扭曲了的现实。通常，当某一天这些“朋友”离开他，有时是在夺走或带走他的部分财产之后，他便会从神坛上猛然跌落，坠入痛苦的凡间。

所以，从文艺复兴时期开始，绘画就表现了人的脆弱。人会被那些让他燃起骄傲和虚荣心的东西诱惑。这些虚空派的画作展现了荣华富贵与其所造成的错觉之间的平衡与振荡。文艺复兴时期的人们迷恋知识和征服，此后出现了启蒙运动，而哲学将对启蒙运动时期的人产生重大影响。

民族性格

“自我”不仅被家庭、社会环境、人际网络所塑造，文化层面的因素也不能忽视。

布莱特 · 伊斯顿 · 埃利斯的小说《美国精神病人》中的人物布莱斯是这样说话的：“我很有创造力，我有创意，我年轻，无所顾忌，非常积极，非常高效。换句话说，我对于社会是不可或缺的。我就是人们口中的栋梁之材。”当这个人物描述自己时，他强调自己生活中不可或缺的各种成衣品牌：“我穿的是雨果 · 博斯的人字毛呢西装、雨果·博斯的丝绸领带、约瑟夫·阿布德的全棉府绸衬衫、布克兄弟的皮鞋……”这样一个自信、骄傲，极为看重成功和外表的人，让我们不禁思索文化对人格形成的影响，特别是对自我的影响。

“文化心理学”一词将文化和人格联系起来。这个术语来自美国人类学家玛格丽特·米德，她在《萨摩亚人的成年》一书揭示了南太平洋萨摩亚群岛（Samoa）的年轻人与美国年轻人的个性差异。在这项研究中，两地的文化差异与社会结构有关，也与萨摩亚群岛上不存在父母与孩子之间的冲突有关。在不同的社会中，确实都存在一种受到广泛认可、占主导地位的人格，这种人格会塑造该社会中的个体。

“民族性格”一词被用来概括一个民族的典型个性，来总结某一具体国家所有人的个性特征，比如德国的容克（普鲁士的贵族地主）、意大利的骑士、美国东海岸的WASP（白种人盎格鲁－撒克逊新教徒）、日本的武士道精神等等。

社会断裂

人格的培养就像是用一个模子做蛋糕，有些人身上只是留下了一些模子的痕迹，而有些人终其一生摆脱不了模子，困在囚牢之中。

这座囚牢的围墙是规则、习惯和自以为与众不同的自信，感觉自己优于他人并掌握真理。囚牢的四周被沟渠包围，挡住了看起来和自己不属于同一个世界的所有人和表现出独特性的人，或是那些试图引入新规则和新习惯的人。

社会学的重要进展之一是揭示出二战后出现了不同于以往社会的上升机制。这一机制效果显著，让成千上万的工人家庭或移民家庭的子女得以出人头地，甚至身居要职，就像美国第一位黑人总统奥巴马的故事一样。然而，近十年来，社会上升通道似乎关闭了，导致了阶层固化和社会断裂。

断裂源自两种不同的价值体系：着眼于长远的价值体系来自精英、贵族制度的延续，追捧昙花一现的高人气的价值体系源于娱乐界那种浮躁、短暂而夺目的辉煌。面对这种耀眼而短暂的爆发，希望保证长期稳定收益的有产阶级试图维持原有的体制。据说法国政治家和历史学家基佐有句名言："通过劳动和储蓄积累财富吧！"而 Orange（法国电信运营商）公司的口号是："我保持不变！"资产阶级和贵族的制度正是如此，谋求精英的绝对优势。

但是，断裂已经存在，具体表现在社交媒体的影响愈发深远。传统上的名望源于来之不易的艺术或科学领域的声誉，是在事业与合作的基础上建立起来的，它的影响力可以从自身所处的圈子层层传播。而眼下走红的名人就像被火苗点燃的稻草，瞬间亮起，迅速燃烧，继而灰飞烟灭。这种急速而短暂的名气比较符合当下社会的文化法则，即"传播"法则，但与个人价值关系不大。

第四章

生物学视角

无论如何，
赫胥黎在《美丽新世界》里描述的世界一定是一个令人无法生活的世界，
因为它太等级化、太可预测、太割裂了。

个性仅仅是环境、教育的结果，还是具有生物学上的根源？

这个问题绝非一个新问题。1935年，德意志第三帝国（即纳粹德国）曾试图制造纯种的“雅利安婴儿”，根据纳粹种族优生理论挑选的孕妇们在所谓的“生育农场”产子，旨在制造优质人口和维护雅利安种族的纯洁。婴儿的父母分别是精心挑选的德国军官和金发碧眼的“纯种”雅利安美女。正如我们所知，几十年后，这个“生命之泉”计划有了精神上的继承者：某机构为主顾们提供优秀男性的精子，这些男性号称拥有极高天赋，具有获诺贝尔奖的潜质，可以创造出有天赋的孩子。

这与赫胥黎在《美丽新世界》中描写的那个社会不谋而合。在那个社会里，阿尔法代表精英，这些精英个体属于高种姓，被培养成领导和指挥官。低种姓的婴儿则被塑造成憎恨美学和文化的人。这种筛选是通过人工生育和试管婴儿来实现的。

那么，问题来了：个性特点是否能够通过基因来遗传？如果存在这样的基因，那些处于支配地位的家族之所以具有绝对优势，并非因为他们的财富和贵族出身，而是因为代代相传的个性？在遗传之外，还有一个问题，即激素水平或神经递质水平是否能影响个体的人格或增强自我？

遗传基因

为了回答这个问题，让我们来看看研究得出的两个线索。它们不是唯一的线索，但被提及的次数最多。

第一个线索与攻击性有关。社会攻击性指的是以暴力支配他人。针对双胞胎的研究表明，在真双胞胎（同卵双胞胎）中，接近 60% 的案例中攻击性存在可遗传性。同时，有研究认为罪魁祸首是一条多余的 Y 染色体，有攻击性的男性比正常男性多出一条 Y 染色体，构成 XYY 三体（超雄综合征）。这种染色体曾被误称为“犯罪染色体”，此前被认为是使个体攻击性增强的一个因素。但近期的研究表明，个体的攻击性行为与一些基因多态性或基因突变有关，特别是与 5- 羟色胺（5-HT）转运、降解有关的 5- 羟色胺转运体基因和单胺氧化酶 A（MAO-A）基因。但是，这种基因遗传只是个体产生暴力行为和冲动的因素之一。

第二个线索与心理韧性有关。心理韧性使人能更好地做出反应，在遭遇困难的情况下以最佳状态应对。一项研究调查了特别有心理韧性的人群，他们在访谈中对以下这类题目做出了肯定回答：“我喜欢面对新的、不寻常的状况，我能够给人留下极好的印象，我倾向于把自己描绘成坚强而成功的人。”这项研究的参与者来自父母为真双胞胎或假双胞胎（异卵双胞胎）的家庭。研究显示，超过 70% 的参与者，其心理韧性基本是由基因决定的。这种基因决定性在真双胞胎中尤为突出，也存在于假双胞胎中。因此，这种决定个体应对特殊状况能力的特质具有遗传决定性。

不过，这些研究尚处于初步阶段，非共享环境因素对心理韧性也有着很大的影响，这种影响占 30% ～ 40%。

激素和神经递质

在自我的维度中，有几种激素对个体攻击性、随和性、亲嗣关系等特征起到决定作用。

其中，最广为人知的是睾丸素。这种男性激素与社会支配和攻击性行为相关。高睾酮水平导致肌肉发达和男性特征突出，而这些外形特点有助于实施支配行为。此外，高水平的睾丸素与易怒的性格正相关。

皮质醇一直是自恋研究关注的对象。自恋者的主要特征包括想引人注目、感觉自己独一无二和被人崇拜、高估自己的能力和对他人的吸引力。当我们研究个体的这些特征并测量其唾液中的皮质醇水平时，我们发现自恋程度高与皮质醇浓度高之间存在相关性；男性的皮质醇水平高于女性。有人就此提出假设，自恋者的皮质醇生产轴可能长期处于活跃状态，导致皮质醇水平持续较高。

催产素是女性分娩和哺乳期间刺激子宫收缩的激素。在过去的10年中，人们发现这种激素在复杂的社会行为中起着重要的作用。它能使人们对陌生人产生信任感，促进人群内部的合作。有趣的是，这种促使人体社会化的特点还可能导致轻微的攻击性倾向。进行母乳喂养的母亲通常没那么容易紧张，且更善于交际，但会具有轻微的攻击性。

此外，雌激素具有多种作用。一方面，当女性荷尔蒙水平高时，自然会寻找男性伴侣，并增加诱惑行为以吸引男性。诱惑和女性化的表现在以自我为中心的行为中会更为明显，比如用手轻抚自己的脸庞或头发，挺起胸部。同时，研究还表明，使用口服避孕药增加雌激素水平的女性与不使用口服避孕药的女性相比，情绪更不稳定，在社会关系中更易怒，且具有更多性格问题。

这些不同的激素起着三重作用。其一，它们释放个体的攻击性，即突显自己并支配他人的欲望。其二，它们在涉及合作、互助和战略目标的复杂社会行为中起到一定作用。最后，这些激素是形成伴侣关系或促成性关系的因素之一，有助于减轻孤独感。

除了激素，还有一些神经递质与人格维度或群体生活有关。

多巴胺是导致成瘾、追求刺激、追求高回报的神经递质。一项以纽约证券交易所业绩最优秀的60名交易员为研究对象的课题关注了多巴胺。研究将这些交易员与美国某所大学即将毕业的学生进行对比，发现交易员们拥有更多的多巴胺受体，这会影响大脑多巴胺的水平。这些人对金钱回报十分敏感，能权衡风险，追求鹤立鸡群。他们与大学生的不同之处在于他们拥有更多多巴胺 D_4 受体的等位基因和儿茶酚 –O– 甲基转移酶（COMT）。而我们知道，交易员往往傲慢自大，喜欢炫耀自己的成功，倾向于支配他人和冒险。

正如我们在上面所看到的，血清素在大量研究攻击性的项目中被关注。血清素与冲动、暴力行为、自我攻击等相关。在社会交往方面，血清素在支配、挟制他人服从等行为中起着一定作用。当受试者被注射 5– 羟基色氨酸（5–HTP）（一种氨基酸，是血清素的前体）时，可以观察到其行为变化。98 名接受 5– 羟基色氨酸治疗的受试者均表现出了支配行为和攻击性增强。评估这些行为的方法是让受试者接受访谈时填写问卷，问卷里有如下陈述：“我能够在决策过程中做出妥协，我能够恭维他人，或者我可以提高嗓门来获得我想要的东西，我会要求别人做事或执行一个项目。”

还有人提出假设，使血清素水平升高的某些抗抑郁药物会激发这些支配行为，会鼓励社会互动、联盟和为成功实现目标而进行的互动。互动行为分为两种：一种是旨在提高自身社会地位、改善经济来源的行为，另一种则旨在增进友谊、交流和社会交往。这些能力可以通过使用相关药物，人为地激发。这种药物能够促进个体与他人接触，提高自我表达的能力，增强与他人接触交流的欲望或肯定自己的欲望。

许多药物使用神经递质如血清素或多巴胺作为其发挥作用的基本机制。可卡因是使用广泛的麻醉药，能对人产生多种影响，明显表现就是增强自我。可卡因能使人感觉自己具有更多的力量和更强的能量，生出一种无所不能的感觉，让人觉得自己创造力无穷，生命节奏加速，更加乐于与人接触。多巴胺是大脑释放的“快乐分子”，在大脑的伏隔核中，存在着“快乐分子”的“回收泵”——99% 的多巴胺会被回收，以防人们过度愉悦，而可卡因则会阻断这种回收行为，让多巴胺过度刺激人体。这就是可卡因作用的机制。

另一种药物，γ－羟基丁酸（GHB）又称迷奸水、G 水，会给人带来幻觉和感知扭曲。γ－羟基丁酸也是通过增加大脑中的多巴胺来起作用的。

因此，这些产品可以用来增强某些自我的维度。在夜生活中，这些药物常被泛滥使用。在这类环境中，自我价值很重要，个体需要肯定自己的独特性，善于交际，精力充沛甚至古怪夸张。这些激素、神经递质对大脑结构生效，进而对形成“夸大自体”产生了明显的效果。

脑结构和脑回路

近 50 年来的科学研究不再描述大脑特定区域的功能，对大脑特定区域的功能定位似乎已经过时了。我们现在讨论的是大脑神经回路，这涉及大脑多个结构，其中一些结构起到刺激的作用，而另一些结构则起到调节的作用。

菲尼亚斯 · 盖奇是 19 世纪美国铁路上的一个工头。因为一次爆炸事故，他的头骨被一根铁棍刺穿了。盖奇在出事前是一个有分寸、合群的人，在人际交往中沉着冷静。事故发生后，他变得粗鲁、性格多变和喜怒无常。他的脑损伤主要涉及前额叶。前额叶与行动规划、个人组织策略以及行为的调节有关。在前额叶中，一些子结构，如位于前额叶下部的轨道前额叶皮层，在寻求奖赏和社会行为中发挥作用。另一个结构——扣带皮层，则影响行动意图或抑制行动。

被称为尾状核的结构，对动机有特别的影响。当这个结构受到单边或双边损伤时，便可观察到个体动机行为减少。受到这种损伤的人并没有真正的智力缺陷，他们的注意力、记忆力或推理能力仍然会保留，但他们很难自发地激励自己。如果他们受到鼓励或带动，他们就会行动。但如果没有这种激励，他们基本上就不会活跃起来了。

杏仁核是颞叶里面的一个很小的大脑结构，位于对情绪和行为非常重要的大脑区域中。这个脑区叫边缘系统。杏仁核对恐惧、焦虑和赋予事件积极意义或消极意义有影响。它对记忆也起着重要作用，能够增强情感记忆，比如人生中各种片段的记忆。若想要表现出自信和笃定，我们得记住以前的各种状况，分类分级，灵活调整，吸取教训。在这项工作中，杏仁核起着重要的作用。杏仁核与其他记忆结构——如海马体和下丘脑——相连接。因此人们认为杏仁核与社交恐惧症有关。所谓社交恐惧症，指的是害怕在公共场合表达自己或害怕社会接触。

至于镜像神经元，它们是位于运动前皮层的一类特殊神经元，用于理解动作、模仿或通过观察学习新的动作。镜像神经元一般负责理解一个动作的意图。某些镜像神经元也位于颞叶深处，靠近脑岛和扣带皮层。这些镜像神经元是心智理论的根源。心智理论让我们能够理解我们面对的另一个人的情绪，也能够让我们表现出同情和人性。然而，我们知道，自大的人很难设身处地地理解别人，认同他人和感受他人正在经历的忧愁或悲伤，他们这方面的能力存在严重缺陷。

我们可以推断，自我膨胀的人脑内的镜像神经元功能欠佳，不善于觉察、解码，因此在人际关系的直觉中不太灵光。

在部分病例中，我们观察到个体的抑制解除。有些是器质性的，与前额叶有关，比如这个区域长了肿瘤，或者是脑炎感染或癫痫发作期间。个体在兴奋（狂躁状态）阶段会出现情绪紊乱，高估自己，自认为无所不能，野心膨胀。这种自我的病态只是暂时的，仅仅持续几天或几周。其间此人会大张旗鼓，忘乎所以，感觉自己无所不能。在这种状态中，脑成像也会显示个体的大脑前区和颞区出现了暂时性的异常。

总而言之，自我的生物学层面尚未明确。但这个领域已经有了许多研究，最活跃的是神经传播回路研究，其他研究则与激素和遗传学有关。如果说通过人工授精，用高智商者或优选人种的精子来制造天赋过人、支配欲强的超级婴儿的尝试，已经被证明是失败的，那么未来几年内，很可能会出现通过借助药物来调节自我的某些病理特征。现在已经有一些通过抑制血清素的再摄取起作用的抗抑郁药和情绪稳定剂，能够帮助弥补一个人的性格缺陷。

但是，无论如何，赫胥黎在《美丽新世界》里描述的世界一定是一个令人无法生活的世界，因为它太等级化、太可预测、太割裂了。

第五章

自我、神话与家庭传统

从父母有所偏爱的角度来重新审视这种同胞关系，
就会产生受伤、扭曲的自我，
这种自我又会不断影响到其他领域。

在《创世记》中，该隐和亚伯是亚当和夏娃最早生下的两个孩子。长子该隐是农民，与土地出产的有形之物有着象征性的关系。次子亚伯是牧羊人，放牧牲畜。因为上帝更喜欢亚伯的祭品，该隐出于嫉妒杀死了弟弟，致使他和他的所有子孙受到惩罚，世世代代流浪漂泊。为了弥补亚当和夏娃，上帝又赐予了他们一个孩子，这个孩子就是塞特。而该隐感到无比内疚，维克多·雨果曾用隐喻描绘了他的悔意："眼睛已进了坟墓，注视着该隐。"

其他骨肉相残的故事也多如牛毛，如罗马建立时，罗慕路斯杀死了其兄弟雷穆斯。再比如，"狮心王"理查一世和他的弟弟"无地王"约翰兵戎相见。如果说上帝代表的是父亲的形象，那么他偏爱亚伯的祭品，就是在他的孩子们当中种下了偏爱的种子，从而引发了竞争。

另一个传统涉及不平等和围绕长子继承权的手足竞争。长子继承权不仅适用于贵族，也适用于加斯科涅或巴斯克地区的家庭传统。有时只涉及最年长的儿子，有时无论最年长的孩子是男是女，都由这个孩子继承全部遗产。那么，年幼的子女该怎么办？从理论上讲，他们可能去当兵，进修道院，或留在家宅中为长子或长女服务。年幼的子女可以逃脱长子长女注定的命运，但他们必须靠拼搏来争取自己的位置，必须更进取，接受新思想。心理学家萨洛韦认为，长子长女应保守尽责，忠于父母的理想，而年幼的弟妹得努力争取自己的位置，所以他们往往会比长子长女表现出更多的活力、个性和创造力。

无论从《圣经》还是比利牛斯山区的巴斯克传统来看，自我意识与神话和家庭传统都有着密切的关系。下面让我们用一些非常经典的故事来说明与同胞情结相关的更微妙的行为。

同胞情结：自卑与偏执的源泉

许多学者，包括弗洛伊德，都认为拿破仑难以置信的命运、征服世界的图谋以及过于宏大的野心可以通过以下事实来解释：拿破仑是家中的幼子，他觉得自己比不上哥哥约瑟夫，因为在科西嘉和地中海传统中，长子享有许多权利和特权。和大多数幼子一样，拿破仑只能投身行伍。当他实现了称霸欧洲的目标时，为了让母亲青睐自己，他又给兄妹们册封了特殊头衔。而个性随和的约瑟夫成了那不勒斯国王，后来又成了西班牙国王。

有人认为，拿破仑对战争受害者的麻木不仁，对法国军人死伤无数的漠视，都源于因嫉妒哥哥约瑟夫而产生的破坏性倾向。因为不可能杀死哥哥，他的破坏性情感变成了冷漠。当幼子一心想做得更好，超越长子，向家人表明他也有能力飞黄腾达的时候，往往会做出这样过激的行为。

应该指出，哥哥约瑟夫的个性降低了兄弟竞争的破坏性。这个威胁性很小的哥哥使得拿破仑没有必要对他表现得咄咄逼人。确实，挑衅没本事的哥哥这种行为似乎配不上拿破仑的理想和野心。

同胞竞争这种模式广泛存在，从友好、亲近、结交开始，最终可能以敌意、斗争或致命的愤怒结束。政坛上，雅克·希拉克和爱德华·巴拉迪尔之间长达 30 年的友谊因为争夺第一把交椅逐渐变为你死我活的争斗。

朋友之间反目成仇的最著名的例子之一，就是曾在巴黎高等师范学院同窗的让－保罗·萨特和雷蒙·阿隆。两个年轻人曾是非常亲密的朋友。两人甚至商定，如果有一个先去世，另一个要为他写讣告，刊登在巴黎高等师范校友录上。很快，政治立场就使他们决裂了。萨特是左派知识分子、作家、思想家的代表。阿隆则是右翼知识分子，头脑出众，分析深刻而务实，用他自己的话说，他“在哲学和政治上，都害怕凭想象行事”。他在著作《知识分子的鸦片》中明确反对让－保罗·萨特的立场——萨特曾受邀和西蒙娜·德·波伏娃一起访问苏联，去为当局唱赞歌。这两位知识分子形成对立，分别代表左派和右派。当时有句名言：“宁可跟着萨特犯错也不愿意跟着阿隆正确。”重要的是这两位哲学家之间最初有过友谊。当萨特在1980年去世时，阿隆在提到他们最初对彼此的承诺时写道："承诺已失效。"

灰姑娘与重组家庭

一位绅士梅开二度，娶了一个高傲而自负的女人。她有两个女儿，都很像她。这位绅士自己有一个女儿，是"世上最好的女孩"，也就是"灰姑娘"。后母带来的姐妹俩都取笑灰姑娘。后面的故事大家都很熟悉了。并非所有的重组家庭都会有这种竞争。然而，当父母之一离开原来的家庭，与另一个有孩子的家庭重新组合，又有了新的孩子，问题就出现了。父亲／母亲还爱我吗？他／她最喜欢哪个孩子？为什么爱别的孩子而不爱我？

吉尔贝是建筑师，他与妻子离婚了。他们有两个孩子，都已成年，分别是30岁和28岁。他很少去看他们，但仍为孩子与他之间关系疏离而感到遗憾，所以试图用钱来拉近距离。他每月给他们一笔钱，并定期给他们买贵重的礼物。吉尔贝的第二任妻子辞去了化验员的工作，专心抚养他们俩的女儿，她现在14岁。第二任妻子为吉尔贝给他与前妻的子女送的钱和礼物记了一本账："他为他们花钱，但那两个孩子根本不在乎他，他们只会打电话向他要钱。他为什么不把钱花在让我们去度假或照顾我们母女俩上呢？"尽管她避免这样做，她还是向女儿传递了嫉妒和不公正的感觉。女儿开始质疑：“爸爸像爱他的那两个孩子一样爱我吗？”

在重组家庭中，竞争可能因为遗产问题而升级。根据亲属关系的性质和法律的规定，特别是现有配额的使用，可以增加给孩子保留的遗产，而不论其地位如何。这里面可能涉及家庭关系的秘密或父子／父女血缘关系的不确定性。随着时间推移，这种竞争往往会减弱，关系会变得更轻松。此时竞争关系仅仅是象征性的。

弗朗索瓦·密特朗的女儿马扎琳·潘若毕业于巴黎高等师范学院，是一位哲学教授。她的童年和青春期过得都很艰难，尽管父亲承认了她，她的身份却一直没有被公开。她被媒体曝光次数之多，远远超过同父异母的兄弟。由于她写的书、参与的电视节目以及她童年的秘密，她比弗朗索瓦·密特朗的婚生子女更出名。当私生子被藏起来时，他们会带着像路易·阿拉贡那样的个人秘密——阿拉贡的父亲、巴黎警察局长路易·安德里厄没有承认他们的父子关系。而这些秘密、差异，还有隐匿身份造成的轻微伤痛，可能会造成自我的异化。

嫉妒和仇恨的原型

尽管兄弟姐妹彼此相像，在外貌或性格方面会有很多共同点，但在很多方面又有明显不同，包括进取精神、智力水平、艺术或经商方面的天分。所以，同胞关系也会产生嫉妒和仇恨的原型。

有多少孩子曾因为别人对自己兄弟姐妹的偏爱或赞美而感到受伤？别人会说："看看你哥哥／弟弟，你姐姐／妹妹，他／她在学校成绩多好，表现多好。"不被表扬的孩子常常自问："怎样才能得到一点认可、一点温情和爱？为什么别人最喜欢他／她？他／她哪点比我好？"

这些问题往往反映出父母教育的两重信息。第一重信息是肯定所有孩子拥有平等的权利和爱："我们对你们的爱完全一样。"第二重信息更微妙、隐蔽，但孩子都很明白。它表现在父母对待孩子的态度不同。有的孩子可以犯错犯傻，有的孩子却经常被责骂或惩罚。

弗朗索瓦丝是三个孩子中唯一的女孩，她有两个弟弟。她一直觉得父母只想生儿子。她想象他们对生了她这个女儿感到失望，两个弟弟的出生则弥补了他们。整个童年时期，她觉得父母总是想着弟弟，看他们喜欢什么运动、汽车、比赛或旅行。当她的父母老了，一个得了帕金森病，另一个患上阿尔茨海默病，她作为女儿似乎理应承担起照顾两位老人的责任。于是弗朗索瓦丝感到了双重不满。一方面，她想起小时候父母更认可弟弟，而不那么认可她；另一方面，她几乎得独自照顾年迈有病的父母。弗朗索瓦丝再也无法忍受弟弟们对父母近乎冷漠的态度了。一个弟弟本来要接父母过去住一个星期，却临时变卦。结果疲惫不堪的她为此愤愤不平，一气之下服安眠药自杀了。

这些故事平淡又常见，但展现了同胞手足间的竞争有多大的影响，自恋能造成多大的伤害，又能激发多强的超越自我的动机和欲望。有些同胞手足之间的关系幸运地变成了默契、持久的深情，巩固了家庭的团结。但是，从父母有所偏爱的角度来重新审视这种同胞关系，就会产生受伤、扭曲的自我，这种自我又会不断影响到其他领域。

第六章

家庭关系中的自恋游戏

如果柔情、尊重或爱不被放在第一位，
婚姻就会成为一种纯粹的商业契约，
夫妻双方对待一切都斤斤计较。

如果说手足竞争是人际冲突的第一个温床，伴侣关系则是引发冲突的另一个温床。

几百年以前，婚姻大多是以经济条件、遗产或父母的选择为准则的。不过，现在的伴侣关系大多是建立在平等观念的基础上。但是，在爱和平等的承诺背后，也会出现一些竞争、嫉妒或敌意，其中一些会成为关系紧张的根源，甚至成为离婚的缘由。

原型神话：“大男人”和“亚马孙女人”

“大男人”一词源于西班牙语中的“macho”，意思是在家庭中有优越和突出的地位。大男人以他的阳刚之气、保护欲和占有欲吸引女性，让她们迷恋。伏尔泰在他的《哲学辞典》中提到过“初夜权”，这应该对应的是“主仆性关系”一词，指的是贵族男性与非自愿的仆人或家奴之间发生的性关系。

另一个与大男人权力有关的“神话”就是法国国王所拥有的大量情妇。虽然大多数国王都有两到三个情妇，但亨利四世有二十多个。路易十四和路易十五以猎艳出名，他们的情妇甚至出现在了历史书里。这些情事的背后，权力、财富、魅力和男子气概交织在一起，所有相关人物至今仍然活跃于人们的想象中。

在传说中，“亚马孙女人”是女战士，她们杀死自己的儿子或是把他们弄残废充当仆人。为了更好地战斗，亚马孙女人会割去自己的右乳房以便射箭，此外她们还擅长使用长矛和斧头。亚马孙女人会把男人变成奴隶，只不过利用他们繁衍后代。

我们并不清楚“亚马孙女人”是否真的存在过。广义上，“亚马孙女人”一词指的是强悍、有进取心的女性。在男性的想象中，这样的女人才是“穿裤子”的那个，也可以被比作“母螳螂”——她把配偶降到微不足道的地位，以便于控制。

无论是“大男人”还是“亚马孙女人”，这些概念都是某种文化或文明的刻板印象。这些刻板印象和成见早已预先存在于夫妻关系中。

自我价值与社会地位

在 18 世纪和 19 世纪的欧洲，家庭出身和社会阶层在联姻中起着重要作用。一个人应该选择与其位于同一阶层、同一圈子的伴侣，否则就会被人私下议论，被视为另类，甚至被认为“辱没家门”。在欧洲皇室的婚姻中，如果女王的丈夫只有亲王头衔，那么他只能充当陪衬，被淡化为次要角色。

当今社会也是如此，如果妻子的收入高出丈夫很多，丈夫可能就会怨恨或嫉妒。同样，如果妻子依赖丈夫生活，在分配收入、管理银行账户方面妻子可能会受到控制。

社会地位差异会导致伴侣之间处于微妙的关系。典型的例子有企业家与女秘书结合，或者教授娶了年轻女同事或女学生，这种伴侣关系中男性社会地位高、财力佳，但体貌衰老，雄风不再。比如罗丹和卡米耶·克洛岱尔这对著名的伴侣，起初是女学生崇拜著名的雕塑大师，接着这个威严的男人和才华横溢但过于敏感的女艺术家之间产生了浪漫的爱情。罗丹的创造力正在下降，与卡米耶的爱情让他精神焕发。与此同时，卡米耶的作品看起来更生动，她的雕塑更有灵气，但她的名气比不上罗丹。她觉得自己受到了不公正的刁难和控制，越来越有受迫害感。在这对伴侣的竞争中，罗丹赢了，而卡米耶疯了。

另一则故事登上了头条新闻，即 75 岁的演员让 - 保罗·贝尔蒙多再婚，娶了一位美丽的前《花花公子》杂志模特，年龄只有他的一半。媒体对此进行了广泛报道。这位模特也是一名商人，在几家公司拥有股份，她与电影明星的婚姻被大量曝光，这些宣传强化了自我价值，也获得了不菲的经济利益。

在自我价值和社会地位方面，我们会发现跨代现象。“一桩好婚事”意味着找到一个具有经济、家产、名气等优势的配偶，从而实现社会地位的上升。这种“好婚事”的背后延续的是童话故事里的灰姑娘遇见白马王子的情节。

吸引力游戏：嫉妒与自恋

有时候，伴侣关系会因嫉妒或自恋而经受考验。在著名电影《玫瑰战争》中，我们看到迈克尔·道格拉斯和凯瑟琳·特纳扮演的夫妇在深情相爱之后彼此撕扯，吵得天翻地覆。他们砸烂东西，特别是具有情感价值的物品，试图给对方下毒，杀死配偶的宠物后煮熟了给对方吃。

当婚姻中的一方试图表现自己、引人注目或显示出对其他异性的兴趣时，另一方的嫉妒就引发矛盾。招待会或者聚餐后，一方责备另一方：“你不停看他／她，你盯着他／她，都目不转睛了，你勾引他／她了，你跟他／她调情了。”嫉妒反映的心态是害怕看到伴侣找别的异性，害怕失去对方的感情或爱。

吸引力竞赛的一种形式是比谁更加优秀，伴侣双方都努力保持自己的体型，美容驻颜，打扮光鲜，而且彼此保持沟通。这是尊重自己和对方。没有人会对殷勤和赞美无动于衷。但是，如果存在不对等的关系，比如一方比另一方更努力，就可能导致令人不快的后果。

另一种游戏更加自恋，就是选择一个令人艳羡的配偶，目的是激起他人的欲望或嫉妒。选择一个非常漂亮的女人或一个比自己年轻的男人，把这个人打扮得光彩照人再带着出席各种场合，盼着别人投来赞叹、惊讶、羡慕或嫉妒的眼光。这种对伴侣的选择，就像购买漂亮的房子或酷炫的汽车，目的是令身边的人羡慕。如果成功引起他人的觊觎甚至嫉妒，就会有大获全胜的自豪感。

如果一个人将他的朋友关系看得比夫妻关系还重要，他的伴侣就会感到失望，并引发婚姻关系紧张。因此，如果一方与朋友一起参加运动、郊游、音乐等活动，另一方就会感到被冷落，觉得对方把朋友看得比夫妻感情更重要，感觉自己沦为陪衬，甚至认为自己只是对方生活中的过客。他会感到关系不对等。如果一方需要或要求感情或者爱的表示，另一方对运动、做手工活或外出玩乐的兴趣大于二人世界时也是如此。失望也来自原本想改变对方的特定行为，或对其产生了影响但未能彻底改变。

人围绕欲望的对象创造了一种被称为“敌对模仿”的东西。当某个人觊觎某件东西，那件东西就立即变得有价值，并受到特别的关注。别人所爱或欣赏的东西也会成为我们欣赏的对象。广告对这一点很清楚，所以利用名人或演员来宣传。通过购买相同的商品，我们会觉得自己变得跟他们差不多，甚至接近他们的形象了。

情感游戏：与子女竞争

在抱怨夫妻关系不和时，有些人会谈到孩子出生带来的变化。随着孩子的出世，母亲大部分的兴趣、关怀和柔情将转移到孩子身上。母亲和婴儿通过哺乳、哄睡、抱着行走建立紧密的联结，建立起特殊的母子纽带，还会让母亲远离甚至中断与配偶的性关系。男性配偶的自我价值会受到影响，因为他已不再处于首要地位，孩子已经取而代之。

夫妻之间的另一种争斗形式表现在父母与子女关系方面的竞争。父母一方把自己定位为孩子的朋友、亲近的人而不是长辈，将自身置于平等关系中，但另一方可能不喜欢这样，因而会表达不赞同：“他把什么都告诉孩子，把孩子都宠坏了，而且要什么都给。”在夫妻关系紧张或面临分居风险的情况下，这种竞争会更加恶化。其中一方会试图博得一个或多个孩子的好感，以便树立好父亲／母亲的形象，通过这一途径来使对方失去威信或使其边缘化。有时，父亲／母亲试图通过送礼物来挽回自己很少陪伴孩子、对家庭生活关注太少造成的疏离。在这种情况下，父母一方试图收买孩子，会对家庭情感关系产生很大的影响。

在极端情况下，父母一方会把孩子带走，成为轰动一时的社会新闻。最有名的是扎维尔·福丁的故事。一对夫妇在生了两个儿子之后分手。孩子最初被托付给母亲，但父亲绑架了两个儿子，带着他们消失在野外，此后出没于多个省份，父子三人经常改名换姓。多年来，父亲一直通过远离主流社会来阻止孩子与母亲发生任何联系。

日常生活中的不平等

在日常生活中，夫妻经常因为一些琐碎的小事发生矛盾和对抗。虽然有些丈夫会参与家务劳动和子女教育，但他们往往做得不够。当孩子生病时，大多数日常事务都由妻子承担。

大多数女性认为自己有三重身份：工作女性、母亲、家庭管理者。她们说：“当一个丈夫分担家务，人们会对他刮目相看，甚至欣喜若狂，说他是一个完美的男人；但女人每天都在这样做，却没有被人看重，连称赞都不会得到一句。对女人来说，这只是‘正常’的事。”夫妻生活中确实存在着男女不平等。

这种不平等关系也经常体现于夫妻一起驱车旅行之时。

弗朗索瓦丝说：“当我们旅行或开车出门时，开车的总是我丈夫。不过，我觉得我开车开得比他好多了。只是他总抓住方向盘不放，自然而然地就坐在驾驶座上了。如果我开车，他总会屏住呼吸，有时还会吹气或叹气。当他非常生气时，他会指责我打闪灯不够快、看不懂导航，甚至迷路了也是我的错。他心安理得地确信男人天生知道如何开车，而且开得比女人好。这种自信从他的父亲起就传递给了他和他的兄弟。”

总之，在家庭生活中男女之间的争斗不胜枚举。自我意识强的人喜欢争斗，喜欢比较双方谁为婚姻奉献得更多，还会为此感到委屈或被伤害。有时候，暂时的矛盾会升级，变得令人难以忍受，使隔阂进一步扩大。

如果柔情、尊重或爱不被放在第一位，婚姻就会成为一种纯粹的商业契约，夫妻双方对待一切都斤斤计较。这些情感在大部分时候能够安抚自我意识强的人的情绪。然而，当自我意识强的人情绪爆发时，伴侣之间会产生裂缝和怀疑，导致分手或离婚。

第七章

自恋的文化原型

在几千年的历史文化中，有一些我们很熟悉的突出人物，
每个人物都赋予了“自恋”一层特别的意义。

当然，自大又孤独的人会自认为胜过所有人，拒绝与任何人比试。但在社会中，碰撞和对抗又是不可避免的。在竞争中，往往会有一个突出的人物——一个最厉害的“自恋者”。在几千年的历史文化中，有一些我们很熟悉的突出人物，每个人物都赋予了“自恋”一层特别的意义。

美貌自恋者：那喀索斯

在希腊神话里，那喀索斯的诞生伴随着一个预言。

“他会长命吗？”他的母亲利里俄珀问神灵。

“只要他不认识自己。”神灵回答说。

那喀索斯有着令人向往的非凡美貌，但“他的美貌之下掩藏着过分的高傲，以至于无论年轻男孩还是年轻女孩都不能接近他”（奥维德《变形记》）。仙女厄珂想接近他，被他拒绝：“我宁可死也不愿委身于你！”后来，喜欢他的神女们向众神祈祷说：“但愿他有朝一日爱上一个人，却永远也得不到她的爱。”

有一天那喀索斯在池塘里看到了自己的倒影，并爱上了自己，终日凝望水波中的影子，在不吃不喝中日渐衰竭。他死后，宙斯为了抚慰神女们，创造了水仙花，即那喀索斯的化身，黄色的花心，白色的花瓣。

道德自恋的象征：第欧根尼

第欧根尼生活在公元前400年的雅典，他赤身裸体，随处睡觉，甚至住在一只桶里，被称为“木桶里的哲学家”。

他穿着粗劣的斗篷，背着一个装食物的褡裢，当众吃饭和手淫，在雅典人面前肆无忌惮地撒尿，像狗一样生活。

他还经常责骂和训斥路人，教导人们应该遵从自然来生活，自给自足，不接受任何社会规范。

第欧根尼这种无度的“显摆”使他与亚历山大大帝有了一次短暂的会面。这位年轻的马其顿国王对第欧根尼说：“你向我要什么，我就给你什么。”

第欧根尼当众回答道：“别挡住我的阳光。”意思是我什么都不需要，我不依赖任何人，只想让阳光晒到我。

亚历山大被这个回答惊呆了，为之倾倒。据称，他曾说：“假如我不是亚历山大，我想做第欧根尼。”

第欧根尼是一个典型的“道德自恋”的象征。他突显自己的朴素、禁欲和清贫。他以胜利者自居，选择反其道而行之：以贫穷来对抗这位未来的皇帝。对这个拥有庞大领土和财富、要赐给他奖赏的人，他以相反的观点回应："我什么都不需要。"但是这个答案不是个人对个人的私下回答，还有一群朝臣在旁见证，于是回答被这些旁观者以及亚历山大的光环放大了。

第欧根尼可以充当那些刻意展示简朴、一心利用夸大的朴素进行自我宣传之人的守护神，他可以称得上是道德自恋者和虚伪者的象征了。在强调尊重与谦逊的表面之下，这类人隐藏着野心和得到他人认可的真实欲望。

阴暗的狂热者：卢梭

在《爱弥儿》中，卢梭写了这样一段话："不能履行父亲职责的人无权做父亲。贫穷、工作或人的尊重都不能免除他养育子女的责任。"

但是，卢梭这个口口声声称"良心是灵魂之声"的人，却抛弃了他与特蕾莎·勒瓦瑟所生的五个孩子。

卢梭这种自认为胜过他人的感觉在《忏悔录》的开头就表露无遗："我在从事一项前无古人，后无来者的事业……我生来就有别于我所见过的任何一个人，我敢断定我和现在的任何人都不一样。"后面卢梭还写道，他不怕有人说"我比这个人要好"。

这些过于抒情、浪漫、充满激情的文字引发了伏尔泰的批评。伏尔泰这样对卢梭说："从来没有人用这么多才智来让我们变得愚蠢……您的新书是反人类的。"伏尔泰称卢梭为"阴暗的狂热者"。

在这场争论中，两种截然相反的性情自然使他们形成一种智力和见识的对抗。卢梭颂扬情感和主体性的表达，赞美探索自身人性隐藏的原动力，他颇为自满地袒露了自己的这一切。而伏尔泰则用开玩笑的方式讽刺卢梭的天真，好心告诫他："人们可怜疯子，但一旦他精神失常变成疯狂，就会把他绑起来。"

倾心于才智的女神：阿尔玛

自恋的另一种表现：选择杰出的人做人生伴侣。

"你让他们发光，他们反过来也让你发光。"玛丽莲·梦露也被这样描述过，从她与棒球冠军、演员、政治家以及作家亚瑟·米勒的爱情关系中可以看出这一点。

但是，在慧眼识才子方面最具有代表性的人物无疑是阿尔玛·玛利亚·辛德勒。她代表了19世纪晚期维也纳女性的典范。她与众多艺术家和名人交往。她第一次婚姻的对象是非常著名的音乐家古斯塔夫·马勒，曾任维也纳歌剧院院长。在古斯塔夫·马勒去世后，阿尔玛与建筑师瓦尔特·格罗皮乌斯交往。格罗皮乌斯是一位才华横溢的建筑师，他是德国包豪斯学校的创办人。包豪斯的特点是结合艺术与技术的使用和对功能的注重。包豪斯流派对建筑、室内装饰、家具和绘画产生了很大影响。

在格罗皮乌斯之后，阿尔玛迷上了一位年轻的画家奥斯卡·柯克西卡。他是20世纪初维也纳分离派最著名的画家之一。他的才气为他赢得了同席勒或克里姆特相当的名气。

继柯克西卡之后，阿尔玛又爱上了一位在奥地利极其出名的作家和诗人——弗朗茨·韦尔弗。韦尔弗如今有点被人遗忘，但在第二次世界大战前，他因《穆萨·达的四十天》一书闻名国际。这本书遭到希特勒的禁止，多次被焚，因为它把对亚美尼亚人的种族灭绝和纳粹极权主义联系了起来。

都说阿尔玛集齐了四大艺术门类的才子：音乐、建筑、绘画和文学。她的最后一任丈夫弗朗茨·韦尔弗写道："她从她为自己打造的形象中获得力量——精英、不可多得的珍宝、超越凡俗的女性。阿尔玛自视甚高，她对才智嗅觉灵敏，正如其他人对权力或金钱嗅觉灵敏。"法兰莎·吉露在她所写的关于阿尔玛的书《被爱的艺术》中说："能吸引她这样一位非凡女性的人，毋庸置疑是一位非凡的男性。"

确实，阿尔玛数任丈夫对她的吸引力并不来自出众的外形。柯克西卡可以说是又高又丑，长着眯缝眼、招风耳和红通通的手。阿尔玛的灵魂引导她辨识出伴侣的才气，如同磁铁自动吸引铁一般。阿尔玛如此描述过古斯塔夫·马勒："我真心寻找的就是一个矮胖但充满智慧、才气过人的男性。"阿尔玛很会激发他们的嫉妒之心，有时她会让情人相互竞争。也许我们现在也可以找到具有这样的自我和能力的女人，她们只与不同寻常的人交往，并与这类人——比如哲学家、歌手或政治家生活在一起。

极端狂热的“理想主义”者：希特勒

精神病学家莫里斯·迪德把以下这些人的个性总结为：顽固、绝对、不考虑任何人情，愿意不惜一切代价来捍卫某个想法或理念，极端狂热的“理想主义”者。这些人包括加尔文、托克马达、罗伯斯庇尔。

我们马上就会明白这类人的自我过度膨胀，使他们无法接受身边人提出的任何反对或批评。他们被无法摆脱的狂热所驱使，既不能忍受微小差异，也不接受对话，更不要说是批评。

被杀死的不是人，而是对手；任何反对者、反对行为、反对势力都必须被铲除，无视人性。这种个人化且盲目的“理想主义”在希特勒的身上以夸张的方式出现。

希特勒的崛起围绕着两大主题：一是泛德主义，旨在集合所有讲德语的民族，奥地利人、苏台德人、阿尔萨斯人、波罗的海的德意志人都应该被聚集到扩大的德国境内；二是为维护被视为优越种族的雅利安族的纯洁性，产生了优生学的概念，设定了灭绝所谓不纯或劣等种族的目标。

希特勒经常思考这两个主题，他在《我的奋斗》一书中对此加以阐述，由此衍生出了民族主义和种族主义主题，后来变成纳粹主义的基础。希特勒无所顾忌地表明了他的计划。他深信能够创造和改造雅利安人，把他们变成接近神的超级人类。在这个人种选择计划中，其他民族可能被贬为奴隶或被灭绝。如果他们成为奴隶，也只是为了服务于超级人类而存续。如果他们退化，被看作是有害的，就应该被消灭。如果有必要为此发动一场战争，牺牲数百万人也在所不惜。希特勒说："如果心肠不硬起来，将一事无成。"

在这个处于危机之中的国家，冒出一个领袖承诺解放德国、打破旧秩序并恢复经济，激起了一群人从情感和思想上支持他的意愿。为了残酷的狂热的"理想主义"，希特勒在1934年6月末的一个晚上清算了他的反对者，纳粹党通过暗杀除掉了全部反对势力。暗杀对手恩斯特·罗姆，使希特勒摆脱了那些想要使用社会主义手段但又坚持天主教右派路线的纳粹党员。希特勒除掉了社会主义派，扩大了民族主义势力。为了证明杀死罗姆是正当的，他们指出罗姆是同性恋，这被视为叛变。所谓的"叛变"则给没有审判、判决即处决罗姆提供了合法性。

"长剑之夜"的血洗行动让希特勒一人独掌纳粹党领袖、政府首脑和武装部队最高指挥官三权。走向独裁的这一重要步骤使希特勒的妄想变本加厉：他要成为世界的主人，他肩负着拯救全天下的使命。

结局如何我们都知道了……

为什么希特勒这样的人可以吸引很多人，甚至他们中没有一个真正在意别人的意见，且多数人都表现出任何东西都无法阻止的强烈意志？

因为这些所谓的“意见领袖”领导了一个犹豫不决和迷失方向的群体，群体里的人看似明白，毫不怀疑，其实这种坚信和不怀疑往往会导致更少的反思并失去自由意志。这种常见的模式往往出现在不确定时期、危机时期和过渡时期，在这些时期人们乐于看到革命向导、元首、人民的父亲、领袖之类强硬人物的出现，并对此感到安心。

第八章

自恋者的四种类型

对自恋者来说，

“他人”并非作为一个真正的人存在，而是作为一个光源存在。

我们一般说的是“自恋人格”，但“人格”的主要组成部分体现在“性格”中。“性格”（caractère）一词原本是指刻在硬币上的图案，引申为展示给别人看的那部分人格。从自恋者的性格中我们看到的主要是：突显自己、引人注目、博取别人的赞美或夸奖等。

在 1985—2005 年，一项针对美国多所中学的学生进行的研究发现：自我膨胀和自恋人格特征在中学生中悄然流行，增幅约为 30%。研究者认为（这种情况的形成）存在以下几个原因：

1. 父母宠溺孩子，凡事顺着他的愿望，把他捧上天。
2. 社会风气变化。大量电视节目，使人们更加重视外表、独特个性、运动或经济方面的成功。

看看那些“真人秀”节目的名称：《新星》《明星学院》《名人农场》《荣誉与财富》。可以说，出风头、引人注目和争夺名利的欲望暴露无遗。这些节目的参与者都是表演型人格，且十分夸张，令人印象深刻。而我们在日常生活中遇到的自恋者则更加巧妙和含蓄。现在受过媒体洗礼的自恋者、对身边人的吐槽和社会上流传的言论都经过精心而聪明的粉饰，表面看起来很文明。

我们可以粗略地将自恋者分成以下四类。

显性自恋者

明星是显性自恋者的典型代表，他们明白要用自己闪闪发光的多个侧面激发身边人的想象力。美貌是一个侧面，吸引力是另一个侧面，财富也是可以令人羡慕的侧面。社交网络给这种引人注目的需求提供了极大方便。发布个人照片、度假见闻、社会关系，有跟随“状态更新”的“朋友”，这些都使私人生活变成表演，（使自恋者可以）定期展示自己的形象。

人们常常疑惑，只关心自己的自恋者为什么有吸引他人注意的需要？其实，这是一种虚假的需要，对自恋者来说，“他人”并非作为一个真正的人存在，而是作为一个光源存在。自恋者需要他人的照亮，但不会给予对方任何价值或关注。

显性自恋者会运用幼稚的想象力，虽然他不是王子、骑士或超级英雄，但他可以想象自己富有、英俊，在天堂一样美的胜地度假，或乘坐私人飞机流连名人光顾的地方。

如果说明星们是显性自恋者的夸张代表，还有很多人也与他们是同类，比如大企业家、电视节目主持人，当然还有许多政客。这种想引人瞩目、讨人喜欢、掌握权力的人非常容易看出来。专门报道名流的媒体正是以此为生，许多杂志也毫不犹豫地把版面分给这样一个好卖的主题。但在众多的例子中，也有来自科学界的人士。

韩国教授黄禹锡被视为民族英雄，曾被预言是 2005 年诺贝尔医学奖获得者。2004 年和 2005 年这位克隆专家在世界最负盛名的科学期刊之一《科学》杂志上发表多篇文章，称已经从胚胎中培养出 11 株干细胞。干细胞的不寻常之处在于它可以分化，为治疗神经退行性疾病、帕金森病、阿尔茨海默病以及大脑或脊髓损伤提供了新的思路。黄禹锡应邀参加了许多国际会议，韩国政府资助了他的研究，国家航空公司为他提供免费机票。他成了全球知名的科学名人。

很快，有关他的研究和发表的论文造假的消息就出现了，《科学》杂志撤回了他的两篇文章，同时韩国政府要求偿还拨给他做研究的公共资金，他在数年内获得的资金总额超过 4000 万美元。研究结果造假的背后是黄禹锡对得到科学界认可的欲望。黄禹锡本来有望获得多个国家的荣誉奖，如法国准备授予他的医学成就年度人物称号。他的论文的几位共同作者对能在《科学》杂志上发表文章感到激动。除了梦想获得科学领域的荣耀，黄禹锡的共同作者们也希望打在黄禹锡身上的聚光灯能照到他们身上。那些追随着显性自恋者的人起初都是这样想的。

弗朗塞斯卡是著名的电视节目主持人。她写了两本书，卖得很好。她是一个美丽的离婚女性，有两个孩子。她也是电视节目的制作人，管理一家小型制作公司，经常出现在各种电视节目中。她还有个人网站，崇拜者可以给她留言。她因为感情受挫来咨询，说男友在相处几个星期后与她分手，给她发了一条短信："你只考虑你自己，别人对你来说并不存在。"这条短信让弗朗塞斯卡很难过，因为她没想到同为名人的男友竟然也会被她伤到，因她的无视而觉得没有存在感，作为名人，男友不是本该存在感很强吗？弗朗塞斯卡只知道谈论自己的项目、成功、有影响力的朋友，或自己如何能扭转局面转败为胜。她说到对他人的关心，主要是通过慈善活动或向人道主义协会捐款，她赞扬和宣传这些协会只不过是为了表现自己是一个有人情味的善心人。

弗朗塞斯卡说自己擅长为人牵线搭桥。她特意请几个人到她家，目的是推进一个项目或一项事业。他们提出建议后，她就很快把功劳揽到自己头上，声称这是她提出的想法。弗朗塞斯卡抱怨自己的公司规模太小，缺乏野心。她出身富裕家庭，但父母在她 8 岁时离婚，母亲已经去世。她与父亲从不联系。"他对我来说完全就是陌生人。"她说。她有许多关系，但都是工作上的朋友。她被认为是一个非常专业、能办事的人。然而，她几乎没有亲密的朋友，因为她没有给别人留下太多空间来建立更简单、更轻松的关系。弗朗塞斯卡害怕背叛、谎言、伪装以及任何可能阻碍她事业的东西。她经常邀请工作上的朋友参加上流社会活动，这样做的唯一目的就是拉近关系。她很少去看孩子，孩子都在私立寄宿学校读书。她出钱让他们参加奢华的美国青少年夏令营。

弗朗塞斯卡被作为“自恋者镜子”而存在的男友拒绝。她不能完全理解自己的存在方式，但她的内心告诉她自己的野心、命运和人际关系不太正常。

隐性自恋者

除了显性自恋者，还有一种人被称为“腼腆的自恋者”，即隐性自恋者。这些人幻想取得巨大的成功，渴望站在最显眼的位置，看自己的长处和价值得到认可。但同时，他们又有一种抑制或退缩的想法，好让别人发觉他们的退缩并来求他们出山，因为他们具有不可或缺的长处，而所有人都应该注意到他们的长处。

隐性自恋者是那个“坐在教室最后一排的好学生”，专等同学们都答错之后老师来提问他，好表现自己。隐性自恋者的特点像 20 世纪所谓的“老处女”。他们中的一些人有非常高的道德要求和责任感，并期望能有骑士发现自己的优秀品质并被深深打动。

隐性自恋者，虽然爱幻想出名和成功，但缺乏行动力，倾向于抑制、怀疑，始终感觉不公和不被认可。在与他人的关系中，隐性自恋者期望找到认可他们的人，发现他们自认为具有的突出能力。他们想象有人会发现他们不外露的实力来请他们出山。

隐性自恋者难以在人际关系中迈出第一步，他们总是等待对方来接近他们并逐渐被他们的能力吸引，甚至迷倒。他们经常处于被动的竞争中，因为他们认为自己比别人更聪明、更诚实、更善良。他们有时会用一种奇特的想法安慰自己，认为自己独特的能力迟早会被认可，某种内在的正义终有一天会让他们的价值得到承认。如果别人不来找他们，他们就觉得交往的人配不上自己，无法认识到他们的真正品质。

隐性自恋者身上混合了野心和成功的幻想，还有抑制和含蓄。这种人格经常感到失望和抑郁。

道德自恋者

除了隐性自恋者，还有道德自恋者。道德自恋者把荣誉、权力、忠诚和利他主义放在第一位，就像是圣殿骑士或条顿骑士，把捍卫某种正义或正直的理想当作个人的神圣使命，并会产生自我牺牲和牺牲的想法。

斯蒂芬·茨威格的短篇小说《永恒的目光》中出现了一个道德自恋者的例子。故事发生在“神秘的印度群岛”，国王决定委任一位出类拔萃的贵族维拉塔为军队的最高指挥官，他却因坚持反战的道德原则拒绝这一任命，转而担任司法部部长一职。当某个罪犯让他觉得自己做出判决时没有衡量刑罚所造成的痛苦和剥夺有多重时，他决定去监狱亲身体验刑罚。很快他又放弃了司法部部长的职务，对国王说：“不要给我任何权力，因为权力会迫使我采取行动；可是什么样的行动才算是公正的,不会对一个人的命运造成负面影响呢？”

维拉塔后来释放了他领地上的所有奴隶，把财产留给了子女，过着像隐士一样穷苦的生活。他唯一的目标是保证自己不受任何罪恶的污染。在这种对纯洁和正义的渴望中，维拉塔最终成了王宫狗舍的看护人。他“隐身于奴仆混迹的肮脏堑坑里……没人记得这个曾被国家授予最高头衔的人”。小说中，维拉塔从贵族沦落到奴仆的过程中始终高调地保持着对自己的道德要求，因此出了名：“他成了一个楷模；神父们庆贺他放弃头衔，法官们称赞他刚正不阿。维拉塔在崇拜的洪流中缓缓前行。”维拉塔和愤世嫉俗的哲学家第欧根尼的姿态十分相似。

另一个例子是堂吉诃德。他去莫雷纳山隐居，抛弃所有财物，撕烂衣衫，折磨自己的身体。堂吉诃德试图凭借正直的行为、纯洁的爱和对物质的摈弃使自己名垂青史。道德自恋者与狂热的理想主义者有共同点。他们都表现出堪称模范的高尚品德，引起某种形式的竞争和对立，把自己设定的原则坚持到底，甚至引得他人仿效。毫无疑问，在纯洁派教徒中或在冉森教派兴盛时期，道德自恋者如鱼得水。

“佐伊的方舟”组织者的做法也是一种道德自恋。这个协会最初是为救助 2004 年亚洲海啸的受灾儿童设立的，组织者试图将乍得儿童通过非法途径带回法国，声称是进行人道主义救援，集中、照顾并找人收养这些孩子。他们向孩子的父母承诺在乍得建立一个教育中心，又跟法国收养家庭谈领养战争孤儿。救助乍得儿童的计划得到了不少人的支持，他们都感觉并相信自己在做好事。该协会的很多成员将组织者描述为邪教教主或极端固执的人。成员们被帮助和拯救孩子的想法吸引，但基本不懂法律和领养的规则。道德自恋者往往非常支持那些大打情怀牌的集体公益活动。

自恋变态者

除了显性自恋者、隐性自恋者、道德自恋者，还有一种自恋人格属于“自恋变态”。

自恋变态者是个热门话题，如果在Google上输入这个词，至少会出现35万条结果。它能如此广为人知，是受各种关于精神骚扰、性骚扰以及自恋变态者与其受害者之间关系的书籍的影响。

自恋变态者会带来一种真正的变态关系，分为三个阶段。

第一阶段他刻意吸引受害者，吹捧和肯定对方的能力或才能。把对方捧得很高，让对方感觉自己备受关注。受害者可能掌握权力或身为上级。虽然心里清楚这个人个性很强很难相处，但他认可赞誉自己的优点，所以跟这个人在一起很开心。这样创造出一种依赖和受重视的关系。自恋变态者与受害者的关系往往看起来牢不可破。他们一起生活，一起工作，受害者可能会有一种从默默无闻变得受人瞩目的错觉。

第二阶段出现批评，有时是很伤人的话。在伴侣关系中，受害者可能觉得自己做得不够，辜负了对方的期望，于是感到内疚、配不上对方。自恋变态者逐渐在言语上表示轻蔑，用莫须有的指责进行精神骚扰，受害者有被剥夺自由意志的感觉。自恋变态者打击其自尊，贬低其人格，使受害者认为自己不够好、无能或什么都不是。

在最终阶段，受害者因自感无价值而陷入严重的抑郁，甚至企图自杀。自恋变态者常常出现在企业或研究所里。

一位年轻的女设计师受雇于一家广告公司。起初，她被忽视，她小心翼翼提出的建议几乎不会被采纳。但很快她所有的提议都被认为是有新意、巧妙甚至高明的，得到了领导的认可；领导给她很大的工作量、很少的报酬；慢慢地，她的工作受到批评，她被降级，最终以无能和低效为由被解雇。

在伴侣关系中，自恋变态者伤害伴侣，并建立一种非常特殊的关系。起初，两人彼此欣赏，亲密无间，弥补受害者很少甚至根本没有意识到的缺憾，有时候甚至令他感到人生完满。接着，当两人发生争吵，受害者会突然不理解：为什么他（要对我）用这种诋毁的语气？几天前还被夸赞，现在却听到尖刻而轻蔑的批评。当两人分开，受害者觉得失去了自己的一部分。不仅因分手而悲伤，还感觉被人夺走了一块自我。

这便是自恋变态者与人建立的伴侣关系的破坏力。他们让受害者伤心，但最重要的是，他们夺走了给受害者带来自信和欣赏的这种关系。从这个意义上来说，这种关系是吸血鬼式的有害关系。

在政界，自恋变态者为数众多。拉斐尔·巴凯在他的著作《马提尼翁府的地狱生活》中分析了弗朗索瓦·密特朗和弗朗索瓦·格罗苏夫尔的特殊关系。密特朗施展手段接近格罗苏夫尔这位富有的实业家。格罗苏夫尔为他倾倒——“沦陷了”，为他张罗了关系网和社会党的神秘融资，后来密特朗在爱丽舍宫任职。渐渐地，密特朗开始疏远他，减少见面，之前打得火热的两人关系冷却。拉斐尔·巴凯称“这种变态的蹂躏”导致格罗苏夫尔自杀。以利用为目的开始亲密无间的友谊，然后冷落对方，甚至排挤对方，这就是自恋变态者与人交往的关系机制。

也有其他形式的自恋关系，比如两人都被对方的名人光环吸引。回忆一下20世纪40年代艾迪特·皮雅芙和马塞尔·塞尔当的恋情。两人当时都非常出名，处于巅峰时期，起初被对方的形象和专长吸引，相恋将近两年。皮雅芙和塞尔当分别在表演和拳击比赛中卖力表现，以打动对方。

某些被追随者或仰慕者环绕的英杰通常会对他人产生巨大的吸引力。邪教领袖与他们的崇拜者之间的关系也是如此。大部分邪教领袖释放出的信息是，自己的崇拜者是上天的选民，能获得其他人得不到的启示或知识，但前提条件是对领袖忠诚、尊重。许多前邪教成员都描述过自己当时对导师有一种迷恋和感激，因为他们在遇到人生困境时十分需要一个引导者。一个缺乏自爱、面临生存苦恼、寻找自我身份的人，碰上一个“无所不知”、看起来胸有成竹的导师，便感觉可以依靠，至少从表面上来看是如此。

其实，自恋人格这种令他人着迷的方式同样可以解释青少年或那些比较幼稚的人为什么会崇拜明星。在自恋变态关系中，受害者并非完全无辜，可能也要负有部分责任，因为他本是可以运用自己的批判性精神和自由意志的。不过，自恋者天生具有发现猎物的敏感，会把目光投向那些处于慌乱之中或一时脆弱的人。

第九章

锋芒毕露的个性

这些不同的性格会使人际关系发生严重的扭曲。
这些人的自尊心受到伤害，也让身边人的日子不好过。

矛盾存在于每个人身上。它使我们在两个相反的决定或选择之间犹豫不决。矛盾持续表现在个体摇摆于主动与被动之间：主动时想支配、掌控，被动时想放手。因此，矛盾表现在支配欲和控制欲上，反之则表现为平等互利、与他人建立平和、互助和平等关系的能力。

我们知道，有些文化追求无我、不争的境界。中国古代的老子很早就提出了“无为而治”“少则得，多则惑……夫唯不争”，这种无意冲突和争斗的态度使老子得到了虚怀若谷、几近圣人的赞誉。但是，这种纯朴的智慧，无论来自家学还是师承，并不常见。

在生活、工作的方方面面都存在着很多因性格而产生的紧张关系。这些性格并非固定不变。在某些状况下，比如离婚、解雇或竞争，会激化性格中的某些特征。当问题减少，性格往往会恢复常态。

处于对立和竞争状态的性格特征类型不多，其中最常见的一种是容易羡慕和忌妒别人。

忌妒

最近，与法国总统（指弗朗索瓦·奥朗德）育有多名子女的前任女友兼总统候选人塞戈莱娜·罗亚尔与总统的短期女友兼女记者瓦莱丽之间发生了“争宠”的现象，此处“争宠”特指女性之间的矛盾、嫉妒和复杂关系。几年前，聪明漂亮的女记者瓦莱丽结识了奥朗德和罗亚尔，邀请他们共进晚餐，并与未来的情敌、女名人罗亚尔惺惺相惜。瓦莱丽和奥朗德日益亲近，使三人之间的情感愈加复杂。瓦莱丽与奥朗德各自与伴侣分手，瓦莱丽也从非官方女友一跃成为总统女友。

在总统竞选期间，她通过推特（twitter）发布的第一条信息是：“向塞戈莱娜·罗亚尔真诚、无私和毫不含糊的助力致敬。”这句话表面上看起来是支持罗亚尔，再仔细读第二遍就能品出其中潜藏的讽刺和敌意。总统在罗亚尔参加拉罗谢尔的立法选举时为她站台，令瓦莱丽醋意大发。她立即又发了一条推特为罗亚尔“鼓劲”，其中暗含着强烈的妒意，一时传遍网络。当瓦莱丽与奥朗德分手，罗亚尔重返政府内阁，两个女人之间的矛盾进一步加深。那些分不清私生活与公共生活，特别看重权力与自我的女性，往往心怀忌妒。女记者的好胜心借机暴露，公开表示对前任女友的鼓励实际上标志着内心的强烈忌妒。与奥朗德的分手及后来的其他恋情使她的忌妒变成了一则闹得沸沸扬扬的花边新闻。

忌妒容易导致病态心理，这里我们分为三个层面。

第一层面是对情感关系的牢固度和伴侣的爱持怀疑态度。伴侣之间的依恋被认为不够牢固或稳定，无法经受分歧或冲突的考验。依恋过程基于孩子幼年时与父母的互动。孩子与父母的互动可能是不稳定的，也许因为父母有一方不在孩子身边。这种缺乏安全感的依恋源于父亲或母亲突然离家，抛弃配偶和子女。

第二层面表现为缺乏自尊。这种自尊涉及美貌、文化水平或社会阶层。这种人最爱问的是："他到底哪点比我好？"之所以提出这个问题是因为他本身就具有弱点和脆弱性。

第三层面与相似性有关。忌妒的根源是不忠，而不忠（只能）发生在朋友或熟人关系之间。比如我们会看到一个人忌妒自己关系圈的朋友甚至好友。

争强好胜

除了这种爱忌妒的性格，争强好胜的性格也可能诱发另一种形式的竞争。

有一种人格在精神病学里被归为 A 型，多见于那些要求高、活跃、急性子的人，他们总想争分夺秒在有限的时间内做成最多的事情。这些人持续工作，甚至不间断地工作，长期无法休息和放松。这种人格的表现是争强好胜，生活中一点点小事都会引起他们胜过或支配别人的欲望。在休闲活动中，他们都会想争当第一名，做最具竞争力、最聪明的那个人。在工作中，他们一定要站在金字塔的顶端；在感情上，一切都必须进展快速、顺利，并符合他们的期待。A 型人是美国著名心脏病学家罗森曼和弗里德曼在 20 世纪 60 年代末提出的。他们总结的是心脏病患者的个性特征，尤其是冠心病和心肌梗死患者。A 型人想方设法要取得一切成功，很难容忍懒惰、缓慢和放任自流。正如 A 型人总爱说的："我不喜欢那些软弱和反应慢的人。"A 型人总是强迫别人跟上他们的快节奏：几分钟内做个总结，给一大堆资料写出几页的概要，做出一个详尽简明的论证。

这些争强好胜的人格不能容忍任何不确定、马虎和错误。在他们的世界观中，只有第一名、领导者、"赢家"才拥有一席之地，其他人应该努力接近完美或者消失。当两个 A 型人相互对立，争斗会变得很无情，最终不可避免地要有一方退场或被排挤。在企业里，如果有同事不顺从他们的要求，A 型人往往会指责对方的不足、马虎或低效。A 型人会在工作研讨会上搞"幸存者"或"突击队"之类的环节，以激励和团结他们的团队。他们总是和别人比绩效，最终导致身边人或下属精疲力竭。

完美主义

争强好胜的个性追求速度、急迫、第一，但这些不是完美主义性格的主要驱动力。完美主义者会追求细节的完美。

他们对别人的期望是一切都完美无瑕，水平达到顶峰，尽力做到最好。他们让人不断返工，直到得到他们想要的结果；无论是说话还是行事，他们都不接受马虎或随便。

弗朗索瓦丝在实验室带领一个小组研究促进癌细胞生长的因素。在操作和实验中，为了证明她的假设，弗朗索瓦丝让组员多次重复测试。她以不尖刻但坚定的语气表示实验做得不够完美。她一遍又一遍地要求重做。她这种对完美的追求导致一些研究员离开了实验室。最初，他们被她的严谨和高要求吸引。过了一段时间，他们觉得她对细节的过度关注阻碍了论文的发表，严重拖慢了研究进度。

在科学界，弗朗索瓦丝是一个著名的、受人尊敬的人物，但很少有人愿意与她协作研究，因为别人担心她提出的各种批评和要求会阻碍项目的顺利完成。这种完美主义驱使她经常加班，花很长时间精心修改材料。弗朗索瓦丝的行为让同事们觉得自己做得太少，甚至觉得自己像业余爱好者。她总爱提到“专业”这个词——专业工作、了不起的专业人员等。当单位的一位负责人告诉她，她的工作质量高，但生产力不足时，弗朗索瓦丝感到很意外。负责人还告诉她，她身边的许多研究员都想离开，换到更放松、要求较低的地方去。当一名年轻女性因怀孕而不得不休息时，弗朗索瓦丝还给她寄去一整套资料和文章，让她定稿。她对这个研究员说：“你被迫在家休息，有足够的时间来研究这个课题。”弗朗索瓦丝属于强迫性人格，主要特征是完美主义、顾虑多，不断怀疑产品的质量。

对这种人来说，规则和细节的重要性高于目标的实现和创造。弗朗索瓦丝也很难表达积极的情感和爱，即使她有这种感觉。她觉得不应该表现得过度热情或流露自己的感情。这是她很难建立一个稳定的团队的原因之一。这种人很难相处，不是因为他性格骄傲或蔑视他人，而是因为他的期望值太高，使周遭的人自觉能力不足。

多疑

另一种容易造成对立的性格是多疑。这种人很难信任别人。他们觉得任何人任何时候都可能做出背叛行为、与自己产生冲突或在背后操纵什么事。他们看待世界和理解别人的态度时倾向于认为自己时刻面临着潜在的威胁。如果有人窃窃私语，如果一群人看着他们微笑，他们就会想象别人在共谋对付他们。

他们总是害怕别人害自己、栽赃给自己、试图取代或诋毁自己。于是他们与别人的交往中表现得矜持、冷淡和紧张。多疑的人往往过度阐释别人的言语或态度，臆想出比实际更多的含义和意义。别人在背后说他们是“偏执妄想狂”。这种对他人的不信任会使他们逐渐被孤立，并发表一些骇人听闻的言论。

让娜是一家市立区图书馆的图书管理员，她一丝不苟地工作，尽职尽责；她觉得自己比其他员工做得好很多。让娜认为，自己年龄最小，又是唯一的女性，几个男同事往往不把她当回事。虽然她反思过自己的想法，但她好几次都觉得自己重新分类上架的图书很快就被人弄乱了。看到两个同事突然大笑，让娜认为他们在取笑她。因此，她对别人提出的要求以及对待她的方式都疑神疑鬼。

一天晚上，一位同事想邀请她吃饭，但让娜觉得这是个圈套。她冷冷地婉言谢绝。一天，另一位同事让她查看新书目录。这个目录被放在另一个大众市场品牌的邮购目录下面，而且有人在邮购目录里女性内衣的部分夹了一枚书签。让娜认为这是在讽刺她的衣服，觉得大家都在取笑她。然而，从未有人公开表达过任何意见。让娜承认，图书馆的工作氛围有时很放松，甚至很友好，但她总是忍不住感觉同事话里有话，对她抱有敌意。

多疑的人与偏执妄想狂型人格类似，总是在猜疑有阴谋或者害怕被出卖，在人际交往中对别人的态度赋予错误的内涵，并刻意寻找证据来证明自己的怀疑。在多疑的人眼里，他们觉得自己被人倾慕或忌妒，所以被人选中，他们有才干或优点，所以遭人忌妒。因此，当这种人与其他人亲近起来，很快就会担心被人利用、对方害自己或自己失去信誉。

当病态性格特征占上风时，这些人会说出不合时宜、充满敌意的话，含沙射影："少来了，你很清楚我在说什么，不要以为我很愚蠢……"但是这些话对他们身边的人来说仍然难以理解。他们有时甚至会为了保护自己编造材料，写匿名信。与多疑者相处的人在看到他们大发雷霆，或表现出轻蔑、恼怒时总是会有些困惑。

在商业或研究领域，多疑的人总是害怕自己受骗或者功劳被其他人抢走。他们死守自己的位置，并要求受到优待。在压力极大或极为紧张的情况下，可能会出现与现实脱节或具有谵妄性质的想法：感觉有人侵入其电脑，有人伪造数据，有人偷看邮件。

另一种会引发竞争的性格是自以为与众不同。

自以为与众不同

有些人觉得，上天特别眷顾他们。他们觉得自己应该享有地位、认可或特殊关照。他们期待享受特权，或者至少也要受到格外的关注。这种自认为与众不同的性格存在着不同的源头，比如前文已经提到《理查三世》中的格洛斯特。有可能是在其出生之前父母有孩子早夭或流产，也可能是幼年时期患病的经历导致父母对其过度保护，还可能因为天生残疾或畸形而觉得自己遭受了不公。自认为与众不同的人期待别人以公开或隐蔽的方式给予其特殊地位，希望得到他人的认可，以补偿自己过去遭受的损害，哪怕只是象征性的补偿，这种补偿也可能满足了他们暗地里自认为高人一等的想法。有些人认为自己应该飞黄腾达，另一些人则盲目自信，接近狂妄，还有些人企图被人当作非同一般的大人物。这种报复残酷命运的感觉是他们生存的动力。

以上这些性格会使人际关系发生严重的扭曲。这些人的自尊心受到伤害，也让身边人的日子不好过。诚然，问题的根源是某个缺陷或创伤，但他们遭受的痛苦没有使他们质疑自己的反应，而是形成了所谓的“自我防御”。别人首先看到的就是这层防御，它扭曲了自我，使之变成僵化的外壳，让人难以与他们打交道。

第十章

层出不穷的自恋者

在这个时代，为什么突显自己变得如此重要？
是为了填补上代人的创伤，还是由于我们作为父母希望让孩子免于经历我们所经历的痛苦和变迁，因此传输给了孩子这一理想？

为什么自恋者能在今天的人际舞会上独领风骚？很大程度上是因为当前的文化已经高度媒体化。比如，“自拍”的流行说明人们有被人认识或出名的需求。在这一新的自恋法则中，要有别人爱我们，我们才会爱自己。

如何解释过分自恋的人似乎越来越多这一现象？原因有：社会的演变、个体的受教育状况、家庭结构的变化以及个体的心理对自身缺陷的补偿。

对达尔文进化论趋之若鹜

也许我们的社会对达尔文的自然选择理论接受程度太高，不仅吸收了这一理论，还把它奉为圭臬，认为“生存竞争”在当今社会中不可避免。

我们的社会还滥用了“竞争”（concurrence）和“竞赛”（compétition）这两个词。“concurrence”原本是褒义词，在拉丁语词源中的意思是“和……一起跑”，不一定是竞赛——现在却变成为了生存而斗争，因为最好的那个才能活下来。在这个危机重重、竞争激烈、失业风险高的世界里生存越来越难，社会自然而然地产生了选择和进化的价值观，并通过这一价值观来制造善于支配甚至碾轧他人的个体。

菲利普是个年轻的医生，因为没能及时发现一位病人心肌梗死的征兆，他变得抑郁。病人死了，菲利普责怪自己的误诊，陷入悲伤，不断自责，非常内疚。他还觉得自己无能，甚至想死。菲利普的父亲曾是奥运冠军，奥运奖牌是他国际体育生涯中的最高成就。他从小教育儿子人生就是一场永不停止的比赛。他向儿子灌输必须在人生的方方面面取得成功的理念："人们只记得第一名，只有第一名有用。平庸的人会拖累整个社会……"当菲利普告诉父亲他感觉自己无能和悲伤时，父亲反过来教训他："不成功就什么都不是。抑郁的人是不愿承认这一点的失败者。"

菲利普父亲的人生观就是"适者生存，物竞天择"。这种进化论正在被社会反复利用。怀孕期间刻意给肚子里的孩子听巴赫音乐或听外语节目的妈妈们已早早让孩子加入这场竞赛，她们希望通过这种方式打造出具有音乐、语言天赋或智商高的孩子。一直以来人们都想打造或选择优于常人的个体。优越的标准可能是外貌、智力、领导力、运动能力等。当然，现在没有哪个国家敢明目张胆地提出这样的计划。相反，大多数国家提倡尊重差异，让每个人根据自己的能力、节奏成长。

因此，当今社会的无意识运动，导致社会暗中鼓励为了整体的存续而不断进行挑选的行为。培养个性强的支配型人物是为了适应日益严峻的生存状况而进行的自然选择。用英国经济学家亚当·斯密的话说，一只“巨大的看不见的手”在起作用，使所有国家和社会都有意打造野心勃勃的个体。这种专属于少数人的精英培养模式带来的必然结果是，用一套巧言令色的话语宣扬和捍卫人人平等以及社会正义的概念。

除了进化论，我们还可以从精神分析理论引申出另一个假说。

从精神分析的角度理解自我膨胀

无所不能的幻想和过度自负是如何产生的？一个人稳定的人格主要建立在两大基础之上：自主和自爱。自主让我们摆脱父母的监护。稳定的自爱使我们拥有前进的信心，能够心平气和地认识到自己的优缺点。

有些人在人格形成的过程中经历了创伤或分裂，他们就会缺乏自爱，表现为不恰当的自尊。他们可能极度不自信，对自己的身份感到迷茫，或者相反，觉得自己无所不能或高人一等。这种不适度、无分寸、不和谐是缺乏自爱的表现。大多数精神分析师治疗缺乏自爱的患者，这些患者苦于焦虑和迷茫。

自我膨胀的人很少要求接受治疗，但他们也缺乏自爱，不过他们可以借着社会的积极回馈调整自己。只要他们能凭借权力、财富、荣誉或吸引力重新振作，一切就都可以维持下去。一旦这种不稳定的平衡被打破，他们也会有被抛弃和背叛的感觉。有些个体学会了尊重他人、关注他人需求、理解他人感受等；另一些则完全无法控制强烈的冲动，他们没有家庭或社会“超我”。他们潜在的脆弱感隐蔽在自大狂的念头和对即时满足的渴望之下。即时满足有多重形式：荣誉、奢侈品、跑车、美女的陪伴、大量的财富、头衔或权力……

无所不能的幻想必然伴随着对他人的不信任和抗拒。在希腊悲剧中，英雄死于狂妄自大，死于在自己没有把握且不知道危险的情况下突破界限。例如，俄狄浦斯不理解诅咒向他发出的警告信号，他不知道自己的身世、线索和各种迹象都被隐藏。他弑父娶母，因为他不知道父母与他的血缘关系。傲慢使他渴望满足和荣誉。因此，从精神分析的角度看，自恋是早期创伤造成的缺乏自爱的结果。无所不能的幻想会作为一种修复创伤的方式出现。此外，因为缺乏超我和缺乏在家庭或社会关系中形成的道德良知，他们会被各种诱惑吸引，对所有光鲜的东西都没有抵抗力！

然后，问题就出现了，为什么会缺乏自爱？在这个时代，为什么突显自己变得如此重要？是为了填补上代人的创伤，还是由于我们作为父母希望让孩子免于经历我们所经历的痛苦和变迁，因此传输给了孩子这一理想？由此引出了对自大的第三种解释，即原生家庭的影响。

原生家庭的影响

原生家庭的影响是自我膨胀的成因。其一是把孩子当成“小皇帝”，孩子不受任何管教，被家人宠爱、赞美，无法形成对自身界限的认识。一旦对孩子不加约束，有求必应，无论孩子做什么都认为非同寻常或了不起，他就学不会虚心、谦逊、克制自己、与人合作。

“小皇帝”从何而来？主要来自两大潮流。

其一是极端自由主义潮流，主张让孩子无拘无束地享受自由。他们认为孩子不快乐，是因为人们强调规则、顺从和约束。这一潮流继承了卢梭的理论，认为社会的干预毁掉了儿童与生俱来的善良和快乐。

除此之外，父母往往希望让孩子免于经历生存的艰辛。许多父母出于保护孩子的想法而放松对孩子的所有限制，怕伤害他们、约束他们或给他们造成痛苦。小皇帝在一个没有任何限制的世界里成长，只有自己制定规则，不接受任何反对意见。如果孩子能弥补父母缺乏的自爱，就会被捧成掌上明珠。母亲怂恿女儿参加选美比赛，父亲则梦想培养出体育冠军，努力想让孩子学业优秀、受人欢迎。父母会为子女的学习成绩、体育和艺术方面取得的荣誉欢欣鼓舞，使孩子按照父母的期望来做人的想法根深蒂固。

另一种家庭的影响可能源于孩子缺少家庭历史和血统关系的熏染。在许多家庭中，一个人从小就与家族的兴衰史联系在一起。前几代人，如祖父母、叔伯等的人生经历构成了一个集成功、衰落、影响深远的成就或失败于一体的网络，其中既有伤痛也有喜悦，形成一个参差多彩的人生构架，这里面既有积极的方面也有消极的方面。如果这个血统关系不存在，或者没有传给后代，又或者不被重视、被父母或祖父母否定，有些人就会不顾一切地追求一个远大的梦想，类似于保罗·柯艾略《牧羊少年奇幻之旅》赞颂的那种个人传奇。下面这段话表达的就是这种以为自己无所不能的感觉："当你想要某种东西时，整个宇宙会合力助你实现愿望。"

有时个人传奇也可能是一个家族传奇。一些资产阶级或贵族阶层的显赫家族代代相传发名成业的理想。在这些家族中，每个孩子都胸怀抱负，个人发展的唯一动力就是功成名就和登上最高的位置、掌握最大的权力。这不是某一个孩子的理解，而是整个家族的理想。一切都被计划好，以保证下一代所有成员向上发展，甚至支配其他人。

在巴斯克或加斯科涅地区，家族会全力为孩子铺路。一切都被安排好，以确保孩子进入最好的学校，学习最有用的外语，得到最好的社会关系和最活跃、最有影响力的人脉。家族动力源于对权力和优越地位的幻想。这些家族的后代很快接受了上一代传下来的阶层、传承观念和价值观。"我祖父读的是巴黎综合理工学院，我父亲读的也是巴黎综合理工学院，所以我一定要上理工学院。"一位企业老板如是说。这些家族的座右铭接近 Orange（法国电信运营商）公司的口号"我保持不变！"以及奥林匹克运动精神"更快、更高、更强"。

退守私人空间的需要

法国哲学家、社会批评家柯奈留斯·卡斯托里亚蒂斯说过："我们每个人都需要一点实质性的东西：一个意义，一个意旨的框架，一个与他人相关的人生目标。"

然而，当今社会分配给每个人的角色、职能或目标越来越缺少价值或实质内容。同时，社会表面上提倡的价值观也被日常现实冲击得支离破碎。公共世界价值观的逐步崩溃，导致感激、尊重、分享、平衡等概念变得干瘪和空洞。我们的社会正逐渐背弃共同利益、共同行动和对公共利益的责任，鼓励个人退守私人空间，仅仅接触少数朋友和家人。

因为没有共同的社会目标或理想，整个社会已经陷入消费主义和对物质的向往：智能手机、平板电脑和社交网络满足了即时性需求和对具体成果的需求。对物质的向往取代了与他人的深层交流、相互扶持。在这个追求物质而不追求思想深度或理念的世界里，一切慢慢变得标准化。以计算机、电话和软件为例，某些大品牌的销售遍及全球，同一品牌的连锁店风格固定不变。因此，如果想突显自我，就要强调微小差异。

在前文中我们已经讨论过关于微小差异的自恋。如果我们每个人都一样，循规蹈矩，有着相同的习惯和欲望，用着同样的软件和手机，就必须打破这种单调。因此，出现了个性乖张或自恋的人。

社会必须制造出与众不同、个性张扬的人物，把他们推到人前当诱饵，使人们的注意力从单调的日常生活转移到对权力的幻想上来。

安迪·沃霍尔曾说“每个人都能出名15分钟”。社会可以随时推出一个名人，同时维持普遍统一的社会运转的动力和机制。为了悄悄地推进标准化，社会需要随时炮制出特别的人物来引人注目，维护独特性以及明星、名人等概念。

总而言之，以上这些其实讨论了两个方面。一方面是个体的心理和受教育情况决定了他能否与他人相互尊重、共存、分享以及脚踏实地；另一方面是社会能够塑造人的共同理想。新的前沿思想、社会理想、社会计划的大潮应该成为推动力。这些推动力会激发个体的梦想和目标，让个体摆脱以维持生存、支配他人或掌握权力为人生唯一目标的框架。

第十一章

不愉快的经历和感受

这些自以为是的人把我们推向极限，使我们产生各种不同寻常的情绪，甚至使我们的躯体出现疼痛。

在人际关系中，我们会体验到一些积极的情绪和感觉，比如尊重、快乐、友爱、亲密或平等。随着交往的增多，这些情感会逐渐增强；如果关系疏远或不再见面，这些情感就会淡化、消失。

但当你和一个自以为是的人（自恋者）打交道时，情况就不一样了。这些自以为是的人会带给你一些不愉快的经历和感受，这些负面情感不会随着关系疏远而变弱，反而会变得更强烈、更凶猛，产生消极的感受。

三个阶段：仰慕—困惑—反应

与自恋者相处通常会经历三个阶段。

第一阶段是仰慕。这种仰慕之情可以持续几个月或几年。可能从一开始就佩服得五体投地，或在稍做犹疑或抗拒之后为之倾倒。之所以犹疑是因为面对吸引自己的人时，人们会试图发现这个人隐蔽的缺点，因为我们从小就被教导说“闪光的不都是金子”。

第二阶段是困惑。困惑源于对方表现出来的异常行为和态度，令人发出疑问：这正常吗？为什么他与别人如此不同，为什么他的判断和别人的完全相反？在这个阶段，我们试图摆脱被控制的感觉，心里想：“这不正常，我们的关系有哪里不对劲。”

第三阶段是反应。面对自以为是的自恋者，有些人想要证明自己的观点，反驳对方，这是与之对抗。有些人则觉得情况不妙，会逃走，辞职，换工作，请病假。如果对方是上级或掌握了指挥权的人，他们很可能会因此怀有敌意，进行打击报复，那么逃跑就是一种自救策略。

这三个阶段——仰慕、困惑、反应，持续时间长短不一。实际上，认清某人的自恋人格可能需要几年的时间，只有经历过很多次相同的情形才会引人反思。

不愉快的经历和感受

谈到与自恋者的相处会造成什么影响，一般人都会提到极为不愉快的经历或无力感。除此之外，他们可能难以用言语表达自己的感受，因而表现出一些躯体上的症状（心理学上一般称之为“躯体化障碍”）。

1. 感觉自己无足轻重

这种人总给你一种对你毫不在意的感觉。你会觉得自己微不足道，没有存在感。你会觉得对方只是把你看作家具或物品，可以随意搬来搬去，踢来踢去。如果你付出了很多时间和心血，仍然不被认可，这种无足轻重的感觉就会更强烈，有时候甚至变成被蔑视感。

在《品格论》一书中，拉布吕耶尔回忆起王宫里的情形，幽默地描绘了这样一个形象："您会见到有些人随便打个招呼就走进来，走路的时候肩膀带动身子，昂首挺胸。他们问你话时连正眼都不瞧你，嗓门却很高，显示出自我感觉高于在场的其他人……他们滔滔不绝，在圈子里主导话题，而且总是装模作样地端着可笑的架子……"

2. 不公正的感觉

在许多情况下，自恋者会占据他人的成果，从而获得公众的赞扬或关注。这会给他人造成不公正的感觉，认为自己的贡献没有得到承认。仔细研究一下某个科学发现的整个发现过程，这种不公正很常见，例如关于罗伯特·加罗和吕克·蒙塔尼两人谁先发现艾滋病病毒的争论。加罗是美国著名的科学家，多次在著名的医学杂志《科学》上发表关于逆转录病毒的论文。后来，诺贝尔生理学或医学奖被颁给了法国科学家吕克·蒙塔尼。

在低一级的层面上，当团队中各个成员的工作没有被归功于个人，个人就会产生被遗忘或被排挤的感觉。这种不公正感常常与愤怒交织在一起。

露希尔是一家广告公司的实习生，该公司需要开发除臭产品的设计和广告宣传。她提出了将几只蝴蝶——象征了空气的清新——和产品形象放在一起的想法，还画了一些设计图来充分展示自己的创意。但团队领导否定了她的建议，讽刺说蝴蝶已经被用过很多次了。露希尔觉得自己未能胜任这份工作，几周后，当她即将结束实习离开公司时，她却发现被选中的广告宣传画跟她的创意几乎一模一样。她鼓起勇气找到团队领导，领导笑着回答是其他人开发了这个项目，比她的想法内容更丰富，而她只是一个缺乏经验的实习生。露希尔感觉受到了羞辱，而且觉得被人偷走了创意。领导以她年轻、能力不够为由在所有人面前粗暴地否定了她，令她倍感难受。

3. 空虚和被剥夺的感觉

空虚和被剥夺的感觉总出现在反常的关系中，令人非常痛苦，因为受害者觉得自己的一部分被偷走了。

这种感觉出现在建立友谊或熟识之后。自恋变态者总会使用的是一些常见的策略，如拍马屁，吹捧，赞美，与受害者建立亲密、友爱或亲人般的关系，如果受害者自认为不被认可、脆弱或低人一等，这些策略的效果就尤为明显。两人之间会逐渐建立密切的关系，而一方用关切、称赞或重视照亮了另一方。

如果能就此停留在相互仰慕的良好关系之中就好了，但是一段时间后，这段关系里就会逐步发生变化，出现批评、否定、排斥和分手。一个病人说：“我感觉自己像一张用过的面巾纸被扔到了垃圾桶里。”另一个人则说：“我一直以为他很看重我，觉得我优秀，后来我觉得自己一无是处，是个废物，甚至是个坏人。”

分手时，一些人会有一种被利用、操纵或被丢弃的感觉。一位年轻女子将这种被剥夺感比作中了病毒的计算机：起初不觉得中了毒，然后电脑开始出问题，最后一切都不正常了。

如果一个人起初觉得自己得到了友情甚至爱情，那么后面这种被剥夺的感受就会更痛苦，感觉自己的一部分似乎死掉了，被挖走了。很多病人都说自己需要心理重建。这可能很不容易。

身体会说话

威廉·奥斯勒是19世纪最著名的医生之一，他提出“眼泪无法表达的悲伤反映在身体上”。在面对与自恋者发生冲突或相处困难的情况时，身体就可能会出现以下症状：有疲劳感，体力下降，工作效率低，精疲力竭。这种疲劳感不是特别明显，只是感觉休息不好，没有轻松或愉快的心情。持续一段时间之后，人一天到晚没有力气，疲惫不堪。这种疲劳感是身体的信号。我们平时说“他让我很累”，就是指不愉快的情绪变成了身体的感觉。

某些疼痛是情绪的表达。当你总是面对一个喜欢把自己的观点强加于你或喜欢推翻你的观点的人，另一种身体信号就会通过疼痛传达出来。这种疼痛在处境难以忍受时也会出现。一般有三种不同的疼痛。

头痛是常见的一种，感觉好像前额被箍紧或整个头被钳住，或像戴了一顶头盔似的疼。偏头痛比较少见，即一侧头部发生搏动性疼痛，伴有呕吐或畏光。头痛时用脑很难受，让人难以专注，无法思考。

腰痛或背痛是另一种常见的疼痛。“我的背被某种无形的力量压得直不起来……”准确地表达了“受够了”的感觉。腰部疼痛反映了因关系冲突而造成的肌肉收缩和持续紧张。

多重疼痛，又称“纤维肌痛综合征”，经常伴随着压力大或心理紧张的状况。这种疼痛是弥漫性肌肉疼痛，可能发生在肩膀、大腿和各个关节。纤维肌痛是一种常见的疼痛综合征，其确切根源仍不得而知，但起因往往是人际关系冲突。

勒内在妻子的陪同下来咨询背部、颈部、手臂的多处疼痛。疼痛已经持续了一年，并伴有忧郁情绪和失眠。他吃过多种止痛药，但没有效果。勒内现年 65 岁，是一名退休警官。他原则性强，作息规律。各种生物检查和 X 射线检查都没有发现异常。因此，他来看专门的疼痛门诊。当被问到生活中有什么难事或精神创伤时，勒内回答道：“没什么特别的，和别人一样。”过了一会儿，他的妻子对他说：“你不觉得应该谈谈我们的儿子吗？”勒内这才为难地说他的儿子是个瘾君子，一年前因偷窃而被监禁。这对勒内来说是个重大打击，因为他自己为人诚实、正直。他封闭自我，不久后开始出现疼痛，但出于羞耻他从来不敢说。

显然，勒内的身体疼痛和他的自我受损有关。他很不愿意谈及这个话题，他感到羞耻。作为一名警察，他十分尊重规则，但他的正义感被儿子的行为破坏。因此，难以用语言来表达的痛苦会导致弥漫性疼痛。

因此，可以得出结论：这些自以为是的人把我们推向极限，使我们产生各种不同寻常的情绪，甚至使我们的躯体出现疼痛。目前常见的是肌肉或骨骼疼痛，而背部、肩部或手臂的疼痛，则反映出在极为紧张的人际关系中的不适感。不过，最常见的感觉只是在非常不对等的关系中，面对对方极不尊重的态度而产生的持续紧张的状态。

第十二章

不同寻常的关系

在与人交往过程中，过分自我的人总试图强加给对方一个形象。
对方不再是伙伴或对等的人，
而是要操纵、煽情或说服的对象。

在《给青年诗人的信》中，莱内·马利亚·里尔克把爱情描述为：“两个寂寞的人彼此爱护，彼此互补，相互区分，相互敬重。”

里尔克强调了两个基本层面：其一是伴侣关系中应有界限，不强加于对方，不过分亲昵或令对方屈从；其二是尊重伴侣，你尊重对方，对方也尊重你。

但是，在自我主义盛行的今天，又出现了一个新的层面，即“互为镜子”：我们需要通过对方眼中我们的形象来看自己。这就是人们会极为关注自己在别人面前的形象的原因。

在与人交往过程中，过分自我的人总试图强加给对方一个形象。对方不再是伙伴或对等的人，而是要操纵、煽情或说服的对象。所以，公关公司蓬勃发展，为政治家、行业领袖或娱乐明星的形象而效力。

对一些自恋者来说，他人可能是同类或要操纵的对象，但也可能是一个彻底的局外人。法国作家阿尔贝·加缪笔下《局外人》中的人物莫尔索在本该感觉到情感波动的时候茫然无措。他不理解情感的意义。他母亲去世时，他无动于衷。

女友玛丽问他是否爱她时，他回答说这问题没有意义，不过他好像不爱她。除了冷漠，他还无法感知情绪和情感。在这一背景下，他者是一个谜，不具有人形，而是一个人体模型或机器人。一些被认为杰出的企业家就表现出这种绝对的漠不关心。

在某些情况下，他者也会被理想化，被赋予一切美好的品质，顶着魅力和好感带来的光环。例如一见钟情，用法国作家罗兰·巴特的话说："某个东西恰好完全符合我的愿望，而我对这一愿望一无所知。"一见钟情可以被比作两个自恋者的恋爱，爱对方就像爱镜子里的自己，但主要因素还是将对方理想化了。

我们与他人的关系包括很多层面：分享、交流、满足、尊重、怨恨、遗憾或失望。这些层面反映了我们人格的多面性。不过，思想、情感以及人际关系的复杂性，可能被自恋者之间的不寻常或不正常的关系抹杀。

竞争关系

这种关系把另一方视为竞争者、对立方或敌人。这样的友情关系中存在某种形式的竞争，一方试图超越另一方，想比另一方做得更多、更好。

弗雷德里克和让－马利两人都是作家，他们是朋友。一个是老师，另一个是律师。他们是高中校友，相识很久了。

他们在书展上好几次都坐在相邻展台上推荐自己的新书。弗雷德里克曾经在与让－马利一起午餐时提到过自己年轻时写的一本书里的观点，虽然没有出版，但他觉得那个题材很有意思。两年后，让－马利出版了一本书，题材就是弗雷德里克提到的那个。这本书大获成功，并可能被提名某个文学大奖。弗雷德里克立即发现这本书的观点、题材和结构跟自己的雷同。他很震惊，提出了指责。让－马利当然驳斥了剽窃的说法，坚持认为自己在弗雷德里克的基础上进行了优化和充实。

支配关系

支配关系包含多个前提。首先要有一个天然的或等级上的权威。这个权威强加于他人某种生存或做事的方式，规定了应该使用的语言或态度。

有时也可以是建立在智力优势之上的权威。一些人对情况的复杂性觉察力更强，能认清好处、风险和弱点。这种智力优势建立在灵活的头脑或细致的思考之上，或两者兼而有之。有些领导会让下属清楚地感觉到他在能力上或智力上胜过他们。

多米尼克是一家航空集团的工厂主任，管理一个有两百多名工人的发动机制造厂。当他跟下属见面时，一边听汇报，一边打字、看手机信息，有时还查文件。“继续说，我听着。”

他说，但他却不断地进行另一件事，也不看对方。他经常一见到对方进办公室就说："给你五分钟，告诉我你来找我做什么……"他会问一两个问题，草草总结一下对方说的事由。对方总会感觉没有被倾听，怀疑自己提出的事由毫无价值。多米尼克在指出对方的不合逻辑之处、图表中的数字错误或不准确时比较尖刻："你的论证似乎站不住脚，有点糟糕……"人们觉得他才智过人，但是很傲慢，总是藐视或否定别人。

支配关系也出现在伴侣关系性吸引中。某个航空和出版集团的老板与年轻女模特的婚姻中既存在支配也存在性吸引。网上不少视频都显示出这对夫妇恩爱亲昵，显然两人对彼此有性的吸引。从一些照片中可以看出这位穿着短装的年轻女子容貌靓丽、身材妖娆。在一个采访中，这位老板真情流露，提及自己的风流韵事，他的妻子还夸赞他的身材。他后来说不该对媒体透露这些，但他明显在这方面很自满。我们能否将他夸耀自己私生活和亲密关系的做法，解读为他对自己在生活中有魅力的形象很得意？娶美人为妻标志了他在情场的成功，令他十分满意。他骄傲地展示自己有如此美丽的女人相伴，借此在所有人面前突显自己。

另一种形式的支配表现在金钱的力量上。有些人认为他们可以用钱买到一切。"每个人都有一个价格。"如果有人出到这个价格，他就可以背叛道德、理想和友谊。这种力量在不稳定或危急之时会更强大。在这种情况下，为了满足有钱有势的人，有的人会毫不犹豫地抛却一切顾忌或道德迎合对方的欲望。这种行为几乎是自然而然，无须施加任何压力，就是要预先猜出有钱人的需求。有钱人甚至可以为自己辩解说他根本不知道，也没有要求过这种东西。

工具化的关系

工具化就是利用他人而完全不考虑他人会感到困难或有不好的情绪，而一旦达到预期目标就不管对方死活，这时工具化过程也就结束了。

工具化在政界最为常见，例子不胜枚举。2003 年 2 月，科林 · 鲍威尔将军在联合国安理会上提出了伊拉克拥有大规模杀伤性武器的证据：铀浓缩管、炭疽小瓶。科林 · 鲍威尔当时是美国国务卿，是最有声望的将军之一。他极力为布什总统的政策辩护，并因此鼓吹入侵伊拉克。几年后，他发现那些证据是假的。他意识到自己被未经核实的信息欺骗了。在最近出版的回忆录中，他称自己有被利用的感觉，为了维护他心目中的正义而被人操纵，但他得到的证据是假的。他承认这是他人生的“污点”。

夫妻不和时，孩子就容易被“工具化”。父母在他们面前批评另一方，要他们把这些负面评价和意见转告对方，充当传话筒：“告诉你父亲如此这般……”他们会明确地转达分居的父母向他们描述的感受和情绪。这种工具化一般是无意的，在某些情况下甚至是被算计好的，孩子在很久以后才会意识到自己被当作棋子。

这种工具化也会在离婚过程中出现。夫妇一方请朋友为其作证，揭发其配偶的态度和为人。朋友有时会夹在中间左右为难。一方的亲友会感觉不得不按其要求去做，然而他们往往与另一方没有什么恩怨。

霸凌关系

在童年和青少年时期被人霸凌往往最危险。被嘲弄、轻视和侮辱的孩子会产生一种羞耻、不公的感觉，觉得自己的价值被否定，甚至可能会自杀。

这种变态关系现在有了一种新形式：网络霸凌。一个受害者收到大量的嘲讽或敌意的留言，社交网络让霸凌进一步扩大，受害者的图片满天飞。

成年人也可能受到霸凌。在职场霸凌中，在上级的眼里，被霸凌的下属做的任何事都不行。下属的一举一动都会遭受批评，任何举措都会被斥责、被嘲笑或被蔑视。一切主动或自主行为都被否定。发言也会被否定，被批评为缺乏逻辑、幼稚、理解错误、过度敏感或歇斯底里。同事间会传出一些本该属于私人谈话内容的令人不快的流言，往往是编造的谣言。有时候甚至会发生电脑被黑或者工作遭人暗中破坏的情况。

有些伴侣关系中，一方会被推到受害者和受折磨者的处境。无论他做什么都不对，任何问题都是他的错。没有一件事能得到对方的肯定。

吉尔贝特出身贫寒，她嫁给家具店老板安托万，等于同时嫁给了当家具店店长的婆婆。这家店在一个外省的小城里。安托万几乎从不去店里。他打猎、钓鱼、看橄榄球比赛，还花很多时间和朋友去捕野鸽。回到家，他看不起妻子，认为她不过是个小小的售货员，一个微不足道的员工，只能靠婆家吃饭。如果吉尔贝特说自己卖出了若干家具，她的功劳就会被否定。安托万有时会在发火时打吉尔贝特，骂她是失败者、白痴。这位妻子完全处于受害者的困境中。有朋友来时，丈夫要么公开嘲讽她，要么把她当作一个没长大的孩子。吉尔贝特不敢离开这个家，因为她没有上过学，也没有资源。吉尔贝特就是个受气包。女儿一再劝她离开家，她却总是下不了决心，因此女儿认为她是“受虐狂”。

安托万属于小老板，也属于被宠坏的孩子，他们的自我以当众羞辱和无礼对待别人为乐。他通过否定妻子来保持自己的信心。他是店铺的继承人，但他无法忍受靠卖家具维生。

霸凌关系的一种极端形式是一方完全蔑视另一方。一个来自法国吉伦特省的面包工学徒被安置在面包店里一间没有窗户和自来水的昏暗房间，房间里只有一张简陋的行军床。他每天工作十几个小时，不停地被刁难和虐待。有一天，老板娘用刀攻击他，他终于忍无可忍起诉了老板。

在这种施害者－受害者的关系中，有时还存在着第三方：施害者的配偶。第三方可能参与虐待，也可能是迫害的旁观者，或多或少地参与其中。

在所有这些关系中的被欺负或受害方心里，或多或少都能感觉到两人之间的关系并不正常。受害者的屈服过程很微妙，原因之一可能是出于对强者的崇拜而产生受虐狂式的容忍。另一个原因可能是因为上下级关系或情感上的依赖，简单地说，是因为害怕孤独、担心被孤立或没有其他办法。

我们不禁要问，这些人到底有什么问题，以至于认识不到他们给别人造成的痛苦？他们冷漠，缺乏同情心，总想与身边人一争长短，算计别人。有些人拥有一种变态的人际关系手段，会使用阴谋诡计，能够隐藏自己人格中最可怕的部分，给人留下可亲、合群的形象。然而，随着时间的推移，他们一再折磨着别人，终究会露出本性。

第十三章

自恋创伤

自恋者身边的人会被对方激发的感情和情绪逼得自杀，
他们的这一举动实际上是在控诉这种变态关系："你只考虑你自己！"

正如我们看到的，自恋者会让身边的人产生一系列强烈的情绪，而且还不能准确地衡量他们对周围的人造成的侵犯和精神伤害有多大。与这样的人相处会产生消极情绪，没有存在感，感觉被鄙视、被操纵或被利用。

如果受害者本身有过创伤经历或缺乏自信、自尊，可能会因此产生轻生的念头。

在大量案例中，试图自杀实际上是一种求助，清楚地表示了："我处境危险，帮帮我……"但是这种模式可能会有更微妙的含义，（比如）具有报复性，为的是使对方内疚。有句话常被提起："我死了你会后悔的……"这样说的人想通过自杀行为在对方心里留下深深的烙印。因此，当你在日常生活中遇到或结交这种人，他们从不会把你当作一个完整独立的人看待，你会发现自己陷入了人生的困境：与对方生活在一起意味着折磨，没有对方似乎又不可能活下去。

导致他人自杀的诗人

西尔维娅·普拉斯是美国杰出的女诗人，年少成名，成年后患有严重的“双相情感障碍”。她获奖学金赴剑桥深造，与英国桂冠诗人特德·休斯一见钟情并结婚。西尔维娅·普拉斯写作和出版了许多诗歌，曾多次陷入抑郁。1963年，她搬进了著名爱尔兰诗人叶芝的故居，堵上了厨房门，打开煤气自杀。

据推测，休斯有明显的自恋人格。他的新情人阿西娅·魏韦尔后来也自杀了，而且把两人的女儿也害死了。被人问及西尔维娅·普拉斯的死时，休斯一方面说那是一个复杂但不可避免的事，因为她患有抑郁症；另一方面，他认为魏韦尔的死本可以避免，但他宁愿不再去想。要知道，普拉斯死前就知道休斯和魏韦尔有染。魏韦尔也是一位诗人，擅长绘画，还为休斯的一本诗集绘制了插图。

休斯的自恋体现在两方面：其一，他被人指责藏匿了西尔维娅·普拉斯的笔记本，笔记本中记录了两人关系为何走到尽头；其二，他写过一首诗，在诗中责备自己毁了身边人，但他把这首诗搁置一边，从未出版，也从未想过他应对这两人的死亡承担责任。

此后特德·休斯似乎被诅咒笼罩，他与西尔维娅·普拉斯的儿子尼古拉斯在47岁时自杀。有些人认为尼古拉斯遗传了母亲的抑郁性格，也有些人认为他是教育中断的受害者。

不被承认的痛苦

前法国文化部部长弗朗索瓦丝·吉鲁试图自杀的情况与之类似。

弗朗索瓦丝·吉鲁与让－雅克·塞文－斯伯莱一起在1953年创立了法国《快报》。她当时疯狂地爱着让－雅克，并且怀上了他的孩子，但她不得不流产，后来又发生了一次宫外孕。两人合作九年，把这个周报做成法国响当当的报纸。但是，让－雅克与一位年轻女子结婚并生下多个孩子，吉鲁和让－雅克在事业上的默契和感情从此烟消云散。

吉鲁怨恨这个男人甩掉自己去找年轻女孩，又被他指责给新任妻子写了匿名信，因而尝试自杀。她把自己的自杀经过写成了一本书，起初是一封给让－雅克的信，名为《一个自由女人的故事》。这本书被束之高阁，直到弗朗索瓦丝·吉鲁去世，2013年才正式出版。

弗朗索瓦丝·吉鲁在另一本书《如果我撒谎》中简要叙述了自杀事件的经过以及雅克·拉康为她进行心理诊疗的事情。

简单分析她的自杀行为，似乎原因之一是让－雅克没有承认他们之间的恋情、精神上的默契和共同的政治立场。他选择了一个年轻漂亮但没有她有才的女人，这给吉鲁造成了深深的伤害。让－雅克是一个干劲十足、想法很多、行动力很强的人。因此，他利用了这个才智出众的女人——她当时已经是法国时尚杂志《ELLE》的主编——为他创办了一份报纸，作为他步入政坛的踏脚石。但他没有感激她，没有承认她的才华和作为一个人的价值，这对吉鲁来说是刻骨的伤害，所以她试图自杀。她说：“我需要喘息很久，非常非常久，如果可能的话持续到永远，从我失去了我爱的人开始。”她是因为与自恋的让－雅克共同生活而被耗尽了吗？可能，不过她自己也说过：“被愚弄总比吝啬好。”

“我死了你会后悔！”

强调自己要自杀，是赌上自己的性命让某人注意自己的终极尝试，希望这一重大举动会使对方反思。

“自杀要挟”应该被禁止，因为它把人的性命当作一种手段。在这种情况下，试图自杀者是想要对方改变做法或心意，但过度自恋带来的后果之一是某个人认为有人想为他自杀。有些人为抗议而自杀，如为政治诉求而自焚，或失业者在职业介绍所附近自杀。

已经退休的朱莉安65岁，离异，保养得很不错。她的子女30多岁，住在国外。她主动去爱心餐馆做志愿者，每周工作数天。在一次冬季宣传活动中，她认识了一个失业的送货司机。他很亲切，有活力，两人成了朋友。多次交谈之后，他们发现彼此趣味相投。朱莉安请他去餐馆吃饭，不时给他一些代金券改善生活。朱莉安十分谨慎，她虽然觉得这个男人不错，但压抑着心底暗生的情愫。六个月后，他主动提出帮她重新粉刷公寓，她则提出让他住在自己家里作为交换。两人产生了感情，决定结婚，尽管朱莉安有点犹豫，担心两人年龄差太大，男朋友又喜欢运动和朋友聚会。她希望他规规矩矩地生活。

朱莉安告诉她的孩子和朋友自己即将再婚。在婚前约一个月，男朋友突然宣布他爱上了一位年轻女子。他告诉朱莉安他之前对她的感情是个错误，并说她只是普通朋友。朱莉安给他发了一封电子邮件，称自己打算自杀。他回答："你想怎么样就怎么样吧！"她感到羞辱，觉得自己无足轻重，被人欺诈。吞药自杀之前她给那个男人和他的新女友发信息，要他们对她的死负责。

这个故事可能司空见惯，但说明了自恋创伤和低自尊带来的后果。从朱莉安发的信息中可以看出她的自杀行为具有明显的攻击性。她无法承受自尊遭受的伤害。那个男人看起来十分冷漠，对朱莉安的悲伤和耻辱根本无动于衷。

因此，自恋者身边的人会被对方激发的感情和情绪逼得自杀，他们的这一举动实际上是在控诉这种变态关系："你只考虑你自己！"

第十四章

自恋工场

一旦媒体、金钱、名望和权力沆瀣一气，

制造自恋的机器就开动起来。

美国艺术家安迪 · 沃霍尔曾说过每个人都有可能成为短暂的名人："每个人都能出名 15 分钟。"

如今，这种可能性被转化为了一种产业，产生了自恋的工业化。在伍迪 · 艾伦导演的电影《爱在罗马》中，罗伯托 · 贝尼尼饰演的家境普通、平平无奇的小职员，因为不肯参加某个真人秀节目而一夜成名。从此，这位有点沉闷的无名小卒被媒体和电视追捧，各种事情都请他发表意见。他的早餐被吹捧得天花乱坠，他随口说的话都被当成金玉良言。这从天而降的名气是受了真人秀的影响。张三可能是你的隔壁邻居，或者是你在地铁上遇见的人，有朝一日他突然出名，以至于人们开始关心他的意见或无关痛痒的言论。

相反，奥斯维辛集中营幸存者、国际知名律师塞缪尔 · 皮萨在名为《希望之血》的书中，叙述了他在奥斯维辛集中营期间得到了来自鹿特丹的囚犯尼科的帮助，后者多次救过他，在狱中偷运物资，也充当看守的角色。尼科的这个职位让他保住了自己和数千名狱友的性命，其中就包括塞缪尔 · 皮萨。战争结束后，皮萨找到了尼科。这个曾在集中营里与邪恶对抗，拯救生命的人，此时正在一家杂货店当小店员。尼科是一个危难中的人物，他需要一个没有规则和限制的环境来发挥他的聪明才智，从而成为一个英雄；等他回到受到严格限制的环境里，他就变成普通人了。

吊诡的是，真正的英雄沦为寂寂无名的普通人，而寂寂无名的普通人倒变成昙花一现的名人。

趋向标准化的社会

信息技术工具的普及与微软、苹果、谷歌等信息技术帝国的崛起带来了整个社会完全的标准化。这些工具定义了一种共同的文化，不仅统一了语言，还统一了个体。当我们谈论一些品牌时，从因纽特人、哥伦比亚人到巴斯克人，都有了统一的操作基准。这就创造了一种共通的文化，而且它具有普遍性。我们发现，本国城市里的商店与邻国城市里的商店几乎如出一辙：相同的品牌，相同的格调。

同样，高等教育共同体也消除了大部分文化差异。当精英学校或商学院以英语授课，当重要的科学期刊以英语作为工作语言时，就产生了一个共同的智识模型。这种思想的标准化也影响到了规范和质量流程、审计的执行方式，以及会计的管理方式。随着教育的共通化，风俗习惯也日渐融合，因此万圣节这种在某些国家前所未有的节日或者《哈利·波特》这样的小说会席卷全球。

社交网络形成了另一条标准化的路径。虽然国际互联网早就存在，但社交网络带来了一个新的因素：大规模传播。大规模传播的概念也适用于各种周刊，其版面设计、内容和结构在各个国家是相似的。因此，在一些新闻集团中，在欧洲国家出版的期刊大体上几乎重叠，仅有一些细微的区域性差别。

真人秀电视节目或某类电视连续剧也同样趋向标准化……文化、饮食习惯、教育的标准化带来了普遍的相似性。这种相似性令人安心。无论你身在哪个国家，规则、品牌、思维体系大多别无二致。

每个个体的思维体系、生活习惯和情绪相似度都很高，因此人们有一种要区别彼此、突显个性的需求。这种感觉起初比较模糊，后来逐渐变得明确。在标准化之中强调差异是一个极为矛盾的事情。

这种“虚假差异”大概是后现代社会的一种诱饵。为什么称之为“诱饵”？当个体的物质需求（仅限于物质需求）得到满足，当他有十款不同的计算机或手机或汽车可以选择，他就成了这些产品的目标消费者，并会把消费当作唯一的动力。这是一种空虚的动力，其幻想或梦想就是消费或占有。然而，就像希腊神话中点石成金的米达斯国王那样，占有欲代表了自卑，个体既顺从这一“自我”，渴望占有，又批判这一“自我”，不想让自己沦为单纯的消费者。

虚假差异

“虚假差异”最常见的例子就是真人秀。真人秀节目花样繁多，可以是群体生活，异乡的新奇感，也可以是荒野求生或者厨师、糕点师、歌手大赛。然而，这些节目在被移植到不同的国家之后还是会照搬相同的理念。因此，同一节目在各个国家有了 N 个极为相似的版本。

而且，每个节目都会明确描述参赛者的特征，目的是呈现当代社会的标志性人物，就像过去的意大利“即兴喜剧”一样。因此，参赛者里必须有一个头脑简单、四肢发达的冲动男人，一个有吸引力、身材丰满、总试图勾搭同伴的年轻美女，一个为了赢得比赛不惜使出一切肮脏手段的野心家，此外还要从比较受关注的少数群体中挑几个做代表。节目组研究参赛者之间因个性与互动产生的对立，以达到制造矛盾、冲突、辱骂、和解的效果。

因此，从社会学的角度来看，真人秀节目很有趣。一方面，主角们，即节目的演员，遵守着精心设定的着装要求、语言和文化修养规范；另一方面这些规范又呼应了目标受众的思想和行为规范。当节目播出时，他们的服装、发型和配饰将成为该国的潮流，他们会力求引领由青少年和年轻人构成的节目观众心目中的时尚。

标准化消弭了一部分限制，形成了相互包容的现象。每个人都具有一切可能，无限可能。没有限制的世界令人向往。真人秀节目展示了明星们用一掷千金的冲动消费来满足自己心血来潮的欲望，不计价钱从天涯海角买来珍馐美味或奇装异服。通过真人秀，我们也见识到，有些婚礼或纪念日会变成疯狂的比赛：租用城堡，配有司机的古董车，租狗仔队，定制一份报纸，把自己的纪念日印在头版头条，定制一本书。

自恋者存在的理由

一旦社会趋向标准化，它必然需要以一些标志性的形象来保持平衡，而这些标志性的形象暗含着大众模式。

再说到另一个领域，如何解释企业中总有一些表现得无所不能的自恋者？比如企业内部的中低层小领导，着重追求生产力；高层管理者们则必须打破固有模式，他们的特征包括争强好胜、坚持自我和领导力。这些领导者分台前和幕后两种。后者不一定常常露面，却能对团队、战略和公司计划产生巨大影响。有些领导者在台前，想要被人接受，因此必须把自己塑造成积极、有魅力的形象。这种用于宣传的外在形象的塑造过程体现了“形象塑造者”的高超手段，而“形象塑造者”这个称谓倒不如“公关专家”出名。这些公共顾问有很多办法来编造一个美好的故事，制造事件，突出特定主题，毁掉他人的信誉。“公关专家”可能是个藏在幕后的显赫人物、导师，他是实际的领导者，领导着台前的那个领袖——政治家、行业领袖或明星。

正如TF1（法国电视一台）前首席执行官帕特里克·勒

莱所说：“我们的节目就旨在使观众的大脑放空，也就是说，给他们娱乐，让他们放松，以便在新闻播报的间隙向他们推销我们卖的东西。”放空的大脑如同休耕中的土地，随时可能会接受简单、直白的信息，能引起共鸣的情感鼓动，食物和游戏的诱惑，消费主义的存在方式。由民粹主义政客、偶像艺人、行为乖张的明星以及过激或侮辱性言论制造出来的一片虚假的热闹，都旨在压制一切反思，好让浅薄、情绪化的反应成为主导。因此，一些自恋者将被推到台前占据地盘，使人感觉道德、常态和人际尊重的底线都已被突破，方便操纵者暗中操纵。

为什么说这是一个新兴产业呢？

一直以来，我们的价值观倡导的是谦虚、互助、权利共享以及尊重他人。而传统的名气、名望是靠长期累积和努力来获得的。一旦媒体、金钱、名望和权力沆瀣一气，制造自恋的机器就开动起来。

比如，诺贝尔文学奖获得者克洛德·西蒙，还有拒绝龚古尔奖的朱利安·格拉克，后者曾谴责文学界的妥协，认为用销量来评判一个作家就像是把写书当成制造商品。

再如，一位歌手获得白金唱片荣誉，吸引了众多崇拜者，同时也收到一大堆商业邀约：拍 MV，出传记等等。任何刚出名或已成名的人物都可以创建品牌，写专栏，成为主持人。他的歌迷还建议他唱歌、写作、主持节目……总之就是多露脸。

第十五章

形形色色的自恋者

日常生活中自恋者通常没这么夸张，
但他们的行为、人际关系、生活方式和个人风格
也会让我们很快就能发现一些异常。

面对极其夸张的自恋者，你会觉得很逗，甚至忍不住发笑。

中非独裁者让－贝德尔·博卡萨自封为皇帝，并照搬拿破仑一世的加冕仪式为他的妻子加冕，令观者感到难以置信的滑稽。当天有 5000 名宾客在场，但没有一位国家元首出席。冠冕是由纯金打造，镶嵌着 7000 克拉的钻石，其中一颗超过了 60 克拉。

日常生活中自恋者通常没这么夸张，但他们的行为、人际关系、生活方式和个人风格也会让我们很快就能发现一些异常。

什么异常？他们往往喜欢霸占台前，炫耀自己的能力，在团队工作中，他们要表现得比其他人更突出，他们通常没耐心听你把话说完，或者总是摆出一副居高临下或家长式的派头。

支配他人的野心家

支配他人的野心家代表的是那些表现突出的人。他们会比一般人更勤奋，一旦设定了目标，他们就会投入不懈的努力。他们不停地给相关参与者发送提示、要求和意见，毫不犹豫地指出别人的不足、偏见或片面之处。他们总是强调自己做决策和预见困难的能力，还会斥责别人顺从、懒惰或者“平平无奇”，没有远大的愿景或创造性。他们不会放过讽刺别人的机会，喜欢嘲弄别人，而且常常贬低别人。简单地说，他们使周围的人感觉自己达不到要求，能力不足，工作上存在许多瑕疵。

无论在什么企业，野心勃勃的人总是抢得到大项目，并占领最显眼的位置。他们经常故意抹杀团队或下属的努力。在团队工作时，极少有协调者或领导一一点名感谢每个团队成员的工作，更常见的是将一组项目参与者的工作成果归于一个负责人的名下。

有一种隐藏得更深的野心家，他们会韬光养晦，等待时机。在很长一段时间里，他们给人的印象是一名可信赖、热情、认真且高效的下属。但是，当他们认为对方处于弱势或自认为时机成熟时，他们会试图一把打倒受害者。

弗朗索瓦在一个汽车零配件公司工作。他把杰拉德也介绍进来，杰拉德是他多年没见又偶然重逢的高中朋友。杰拉德告诉弗朗索瓦自己有困难，跟妻子离婚了，失业，失业救济金也快领完了，心情很不好。在此情况下，弗朗索瓦将他带入了自己的公司。两三年后，还促成了杰拉德的第一次晋升。杰拉德是个一丝不苟的下属，他反复说自己知道欠了弗朗索瓦很大的情，他支持弗朗索瓦，并努力配合以达到最好的结果。

有一天，弗朗索瓦心脏病发作，之后连续四个月没有上班。危机来了，公司的业绩有点糟糕。趁弗朗索瓦不在，杰拉德悄悄地做了他的一部分工作以突显自己。每次开会，他都说出一些让人误解弗朗索瓦的话："到目前为止我们一直是这样做，但这个流程对公司并不太有利。"通过暗示和轻微的诋毁，他故意让人觉得弗朗索瓦没有尽力，导致一些错误。他偶尔会赞美几句，以此缓和对他的批评。然而，在每次赞美之后他还要带上轻微的攻击。

几个月后，弗朗索瓦复工，他意识到上级委托他的项目少了，他失去了以前的地位。有人开始慢慢向他提示他的工作和责任范围，而这个人正是杰拉德。当公司面临困难不得不裁员时，后来进公司的杰拉德被留了下来，弗朗索瓦却被辞退了。弗朗索瓦不相信，当他尝试向杰拉德要一个说法时，杰拉德告诉他："你病了之后，效率降低，整个团队都发现了这点……"

当杰拉德知道裁员不可避免时，他就开始了一场阴谋。他进公司的时间晚于弗朗索瓦，照理应该先被解雇。但他编造了一个网来巩固自己在公司中的地位。产生这种行为的动机包括野心、优越感，还包括自恋者无法忍受自己欠人情的心态。

看起来更好、更优秀

据估计，10% ～ 15% 的简历内容被大肆编造，涉及方方面面：职责、学位、实习、以前的工资水平等等。当然，自我欺骗与现实之间有着很大的差距：把一门几乎不怎么使用的外语描述成可以流利使用，把在知名公司的短期实习说成长期实习。这种类型的编造，即使是假的，与实际情况多少还有点关系。

但在有些情况下，简历被彻底篡改了。目标是让自己看起来更好、更优秀。根据招聘要求调整简历和故意编造谎言之间存在相当明显的区别。应聘者甚至会捏造出完全不存在的学历和能力，还有根本没有获得过的头衔、奖章和奖励。当简历看起来太惊人，或者头衔看起来太长时，你往往就是遇上了超级自恋者。

在 19 世纪的老式精神病学分类中，有“自负的白痴”一类，这种自我膨胀被认为是智力欠缺。但经常会有人这样自吹自擂：“我是第一个提出这个的……第一个负责这方面的事务……开创这个领域……”我们可以以演员尚 - 克劳德 · 范 · 戴姆为例，他说的话令人深思：“马塞尔 · 普鲁斯特？是的，有点像我……”

刻意标榜的成功

俗话说：“穿袈裟的不都是和尚。”

有些人就是喜欢出风头，不惜一切代价来炫耀自己拥有的豪车、名表、设计师服装。当这些过于直白的成功标志被认为俗气之后，它们就演变为某个俱乐部成员或某个能赋予特权的协会会员的身份。私人门房、生活助理也应运而生，他们帮你预订席位、演出门票或管理私人资产（即高级理财师）。度假地也反映了一个人所属的阶层，卡普里岛、圣特罗佩、菲诺港或圣巴托洛缪岛，不同于阿德格角或米米藏。

这种趋势被品牌广泛利用，他们试图通过俱乐部或附赠特权的会员卡来发展稳定顾客。法国在优待精英方面一直比较大方。功能性住房可以转变为住进地处高档社区的低收入住房的权利，火车或航空票价可以以价格区隔，分为价格极低的廉价票或商务舱。在大多数情况下，并没有明目张胆的炫富，只是拥有得到特殊席位、进入特定场所、加入专属俱乐部、获得赞助、享受大牌折扣和减价的特权……当某个展览的门票显示“售罄”，而你不经意地提到在一次私人聚会时看过，这就表明你属于一个小众群体。

第十六章

如何与自恋者和谐相处

如何与自恋者相处，

这个问题需要考虑到权力关系。

如果是上下级，

关系处理起来往往会比伙伴关系更为复杂。

日常生活中我们都不得不面对这些居高临下、不惜一切代价突显自己的人，有时他们甚至会把我们当成垫脚石。

我们看到法国各部长你争我夺，都试图成为第一个宣布某项措施或计划的人。当某一位部长抢先了另一位部长一步，就会激起尖刻的批评和敌对的言论。在这种表演中，所谓礼节和特权的设置只是为了让其中一个人显得鹤立鸡群，但往往会以损害其他人为代价。所谓团队精神、归属感只是借口，让一队人默默地为某位部长或总理当陪衬才是根本。

如何与自恋者相处，这个问题需要考虑到权力关系。如果是上下级，关系处理起来往往会比伙伴关系更为复杂。雅克·勒内·希拉克在谈到尼古拉·萨科齐时这样说："我下令，他执行。"这表明两人在权力上属于上下级，他强调了自己的权威，且占据了第一位。占支配地位的人最大的恐惧是失去掌控力，主要目标是不能被别人压倒、超越和操纵。处于从属地位的人，主要目标是希望自己做的工作受到赞赏和认可，或至少希望自己出现在团队成员名单之中。

克莱芒是一名年轻的医院实习生，他想研究一种能对抗海洛因等阿片剂戒断反应的物质。他构建了研究规程和方法论。他写完了论文，研究结果似乎很有希望，似乎能减轻海洛因或酒精成瘾者的戒断反应。诊所所长及其团队成员以他的论文为基础写了一篇文章，但没有署他的名，他的论文只出现在参考文献中。这篇文章全文抄袭了克莱芒的论文，但他甚至不知道这篇文章已在国际研究期刊上发表。他惊讶地发现，诊所所长正在就自己研究的主题进行演讲或交流。他去质问所长，而所长告诉克莱芒，他的研究基于他的团队，所长在等级上高于克莱芒，所以功劳应归于所长。领导把研究的所有好处都收归自己，没有给克莱芒留下任何位置。因此，克莱芒后悔信任了所长并对他怀恨在心。

要处理与自恋者的关系，首先需要廓清两个方面。

第一个方面是要弄清楚问题，即是什么问题、主角或参与者是谁。这能让我们区分清楚争先、竞争和敌对这几个概念。问题从何而来？它是如何发展和固定下来的？这需要逻辑清晰地分析出如何摆脱问题。一般而言，关系紧张会导致双重反应：斗争或逃避。还有另一种可能性，当问题陷入僵局，敌对情绪和自我意识不断被激发，形成了难分难解的共存，无法逃避，但进一步敌对也不可能，因为又不得不共存。这种共存情况一般是处于经济危机时期，失业风险很大，不能辞职离开公司，或者身处行政部门，组织结构僵化。

第二个方面是分析自身感受到的情绪。这些情绪多种多样，很复杂。正如前文说过的那样，一开始可能是钦佩、倾倒，随之而来的往往是愤怒和气恼。当一个人被贬低，被当作不存在，就会产生沮丧甚至仇恨的感觉。但是，这一系列情绪需要通过反思来定义和分析。为什么这些感觉会出现？它们从何而来？我该怎么办？我们往往会产生情绪共振和放大，这种感觉便会占据我们的头脑，令我们难以入眠。

弗朗索瓦·勒洛尔和克里斯托夫·安德烈合著了一本很不错的书——《无处不在的人格》，对许多情况进行了很好的分析，并提出了一些微妙而实用的方法。下文谈到的方法受到了他们的启发。

与爱突显自己的人共处

这些人十分活跃、生气勃勃且充满激情。一旦有想法或计划，他们会成为志愿者、专家顾问或领导者。简而言之，他们永远要确保自己合影时站在中心位置。为此，他们通常会采用几种策略：其一是迅速提出一个战略、执行计划或项目，由他们自己来负责。

另一种策略是利用已有的团队或将属下组成一个团队来为这个项目工作，但是把团队的成果据为己有，对外宣称是他自己独力完成。常见的做法有剽窃、偷偷抄袭，利用他人的数据来突出自己。

在科学研究领域，每个人的角色和责任有相当严格的标记，研究必须署有所有团队成员的名字，承认每个人的贡献。在研究立项之初，应该以合约的形式确定以百分比、排名先后还是等级高低为依据，来分配论文发表权利和利润。在科学论文发表时，最好的位置是第一作者或最后一位作者，即一个团队带头人或研究单位的负责人。尽管这些问题难于启齿，但只有从一开始就与对方充分讨论，才不会感到被抢了功劳。在其他情况下，必须具有足够的自信，明确且公开地表明自己参与了哪个项目的工作，并且确切说明是哪一部分。

企业界也存在类似问题。有些人把功劳全部据为己有，并声称他们是项目或行动的发起者。其他人则被抹杀，不知该如何“推销自己、突显自己，为自己的行为辩护”。如果存在明显的不公正，就需要第三方或证人证明或确认某人在项目中所做的贡献。年轻的管理者或科学家可能因为一心专注于团队的理想或项目的质量，忽略了本该得到的回报。等到他们回过神来为时已晚，才感到自己受到了剥削。因此，要坚持一个原则，即清楚自己的价值，知道自己的位置并要求获得相应的认可，不多也不少。

与大小头头共处

位居上级的小头头们总显出骄傲自负的样子，发号施令，强加于人，滥用权力。在一些行业里，一个新工人进了工厂，小头头一定会让他经历这些，否则日后自己的权威有可能遭到新工人的挑战，“人为刀俎，我为鱼肉”“老板的炮灰”“陪睡上位”，这些俗语很好地反映了身体上的奴役和剥削，甚至在某些情况下涉及了性剥削。

奥克塔维单身，曾是一家小型房地产经纪公司的秘书。她在那个公司身兼数职，从电话接待到陪客户看房，做许多工作。她因焦虑和做噩梦来寻求心理支持和治疗。她说，五年来公司的老板一直邀请她共进晚餐，有时会发生性关系。“起初，我感觉受宠若惊，甚至有点被他吸引。”她说，“但很快，我发现我甚至不是一个性工具，而是即用即弃的手纸。当我威胁要起诉时，他的话深深地刺痛了我：‘假如你敢向工会投诉，你要知道我已经准备好了一份材料，记录了你的好几个严重失误。你会失去工作，而且再也找不到别的工作。我会告诉全省所有房产中介公司的老板。’我害怕，特别是有一两次他对我说出了相当恶毒的话。我犯了一些错误，他强调他有一份完整的材料记录了我的失误。我唯一的出路就是以我父亲生病为借口辞职离开。”

大人物也会有支配他人的欲望。几位离开政府的部长也遭遇过这种事情，他们有时仅仅收到一条简单的短信，告诉他们不再是政府成员，但没有得到任何人的当面通知。此外，还有不预先发出警告就进行的免职。当政府更迭或另一党派接管时，整个政府都被解散，这在美国尤为常见。在法国，省长、警察局长、军事参谋长、地区卫生机构人员也有可能遭遇这种免职。在这种情况下，人们无论愿意与否都默认这是游戏规则的一部分，只希望在经济或政治局势出现好转时，能重新加入企业或政府机构。

有些心机深的人会准备一份材料，以此作为要挟以获得保证或补偿。但这些手段是匿名而无情的，涉及“被解雇的人”。写下自己的证词发送给老板还是有用的，哪怕只是为了捍卫自己的荣誉。

西多妮是来自安的列斯群岛的一名护工。她富有人情味，亲近老人，喜欢唱歌、跳舞，在她工作的疗养院被视为“代理母亲”。她会给被隔离的人带来蛋糕，也会毫不犹豫地为他们洗衣服。有一天，她的上级指责她没有遵守公布过的卫生规程，没有尽快去为老人和无法自理的病患解决便溺。他说话难听，甚至编造她的失误，责怪她疏忽大意。西多妮在忠诚服务了10年后因严重不当行为被解雇。在被诋毁和羞辱之后，她一开始不知做何反应。然而，随后她就给疗养院院长和疗养院的老板写了一封长信。她解释了自己对护理的热情、对病人的尊重，详细叙述了她所遭受的欺凌和敌意。院长给她回了信，称他对信中描述的情况一无所知，他不理解管理人员的行为，但他认为此人能干，尽管他并不清楚此人对下属的态度。他感谢西多妮的劳动，对她的离职表示遗憾，但还是不想掀起风波。

西多妮本可以向劳动仲裁委员会申诉自己被不公平地解雇，但她被上级的态度折腾得心烦又无助，而且没有勇气。她的上级成功地打击了她的自尊，使她怀疑起了自己的工作质量。

如何应对人际关系偏执狂?

人际关系偏执狂有两大动因：不信任和判断狂。在病态忌妒的情况下，首要原因是不信任。他认为自己的配偶软弱，容易受到别人的诱惑，一心想出轨或者和别人卿卿我我。近年来又出现了另一种形式的不信任表现，有些妻子针对自己的丈夫收集了一整套材料或起诉文件。如果她们的丈夫是阴谋家或政治家，这些材料和文件就更加具有爆炸性，可以证明他们有金融欺诈、滥用社会资源、挪用公款或私人资金的行为。妻子们这么做，背后的想法是预防性地保护自己的利益，以防不忠或风流成性的男人提出离婚或为了更年轻的女人离开自己。

人际关系偏执狂的另一个动因是判断狂。我们知道，判断狂是对一个情况赋予过多的含义。判断狂与不信任关系密切，他们会查伴侣的手机或电脑，想找出出轨证据或暧昧的信息。每一条模棱两可的信息都会被看成伴侣和他人之间的密码或暗号。关系偏执狂也来自野心和对权力的追求。在这样的情况下，任何对抗都变成了威胁。所有亲近的人都被怀疑有背叛行为。这种关系偏执狂导致许多掌权者只会以非此即彼的方式看待身边的人。他们要么比掌权者差，被认为无能，要么能力很强，对掌权者上升之路或权力造成威胁，被视为叛徒。人际关系偏执狂可能接近于精神错乱者。

1. 接受多重观点

在某些情况下，应该向这类人解释其他人在类似情况下的反应或经历。

人际关系偏执狂如此多疑、敏感，向他提供另一种观点、另一种看待问题的角度是有用的。至少可以让他知道每个人都会从自己的观点来看待事情，而并不总是在攻击他。有时，应该向偏执狂表明，别人理解他的观点和想法，但还存在其他观点或其他方面可以讨论。

2. 遵守礼貌、惯例和礼节

很多人际关系偏执狂认为，别人应该尊重他们，或者他们的地位、状况或优点需要得到特殊对待。任何形式的无礼，比如忘记跟他们打招呼，不承认他们的某个优点，或者不提及他们对一项活动的参与，都会使这些人生气，让他们充满敌意。同样，表现得太亲近，对他们说话时太随意，也会令他们易怒。忽视或不遵循礼节都可能使他们认为自己不受尊重，甚至以为别人已经开始暗中破坏，想害他们。

偏执狂这类自恋者在受到批评时会觉得别人在攻击他。精神医学术语“敏感偏执狂”就是指这类人对任何形式的批评都极端敏感，特别是在人际关系方面。但是，如果偏执狂犯下了重大错误或者不断批评别人，责备他可能会有所帮助。在责备他时必须反复强调理解他的观点，可以加上一些恭维，但必须巧妙地说明错误的后果或不应该过分批评他人。绝不能用过于笼统的话语，如“不要再批评别人，你自己也经常犯错，却根本没有意识到”；也不能泛泛而论，如“你觉得自己高人一等”。这些话没有用，因为它们是对他整个人的否定和质疑，他不可能接受，还会觉得是无理的攻击。这些话会被误解，因为过于宽泛，已与具体事实或问题脱节。

3. 保持低调

许多自恋者有羡慕、忌妒的情绪，又有着优越感，喜欢表现得最好。一旦他们发现别人拥有自己渴望的优势或条件，他们就会虚伪地祝贺对方。别人拥有他们没有的特权会刺激他们，即使与对方之间不存在竞争或联系，他们也会感到羡慕和忌妒。所以我们不要加剧这种趋势，要保持低调。

如何应对操纵

操纵是自恋者惯用的策略之一，他们会操纵对方的情绪，让对方同意自己的观点。他们甚至会扭曲事实，让事情发展向有利于他的方向倾斜，还会让别人做一些事来巩固操纵的策略。

操纵者一贯擅长利用别人的内疚感，他们会用一些话术来激发别人的内疚感：“没有人帮我，这让我孤立无援。”“你不帮我，我却为你做了那么多。”

操纵者的另一个伎俩是拉近距离，诉说自己和别人有相似的遭遇和问题。操纵者会设法让别人以为他们处于同一境况或困难之中，应该结成联盟："我们在同一条船上，我们必须同心协力。"最后，操纵者不断使用奉承和恭维："你拥有真正的天赋来实现这件事，只有你有能力达到这个结果。"

比较少见的情况是，操纵者通过暗示来威胁或恐吓，比如他会威胁诋毁你，如果你不屈从于他的计划或愿望，他就会采取某种形式的报复手段。

操纵者会使用多种伎俩，有时甚至会在一次谈话中就同时使用多种伎俩。他们更多的是聪明地、以有点变态的方式平衡冷热两种态度。热是奉承和赞美，冷是批评或令人不愉快的发号施令。

总之，与自恋者和谐相处确实需要分析一系列状况和感受，才能弄清楚是否在跟一个异于常人的人打交道。有些起初看似仅仅是巧合或微不足道的事实，在一段时间之后，就会不知不觉地显露出人格问题。下一步是分析自己的感受，即在与自恋者交往过程中某一具体状况下的自身感受，这才能真正让你意识到问题所在，并进行改变甚至逃离。

尾声

日趋自恋的社会

自恋者舞会就此拉开帷幕。注意不能让别人侵犯了我的地盘。
不能让任何人抢了我的功劳，
不要让我发现那些和我一样的人得到了破格优待。

每场舞会落幕时，音乐停止，舞蹈结束，人们带着对彼此的种种印象回家。与这些个性极强、过度膨胀的自恋者共处一段时间后会（对他们）留下什么样的印象？其中延伸出的问题，为我们反思社会开辟了新的视角和领域。让我们尝试用未来学的观点来思考这些问题。

日趋自恋的未来?

如前文所述，自恋文化在美国大学生群体中越来越普遍。但是，大学并非唯一的自恋者聚集之所。当今社会也正在引导一种强化儿童自恋的倾向。所有的孩子被溺爱、呵护，不受规则和限制的约束，这一切都会催生出过度膨胀的自我。

给予孩子优质的爱、渴望当“足够好”的父母，与对孩子不立规矩和不设限制是截然不同的。父母的教育目标应该是让孩子建立稳固的自尊、自信。但是，如果不教会孩子接受规则、差异、不平等和对他人宽容，就是把孩子宠坏。不过，对孩子进行接纳多样性的教育并不那么容易。除了官方的、公开的教育，在家庭环境中还可能存在一种潜移默化的教育，没有明确说明，却以暗示和含蓄的方式进行，让孩子与那些不属于同一阶层、家境不富裕的小朋友保持距离。

未来的社会或将倾向于某些特定的态度和姿态，外表、财富、金钱和权力的外在标志将具有相当大的影响力。对表演、应变能力的崇拜、从自黑型的幽默转向毒舌型的幽默、或多或少的深藏不露，这些都可能会滋生自恋倾向。

在这样的社会中，因为讲求体面，众人接受了一个共同的身份，但在彼此之间也会有细微的差别，差异与标准化形成平衡，任何人都逃脱不了。人人都拥有一部智能手机，没错，但我的是最新款。人人都拥有一辆车，是的，但我的车是豪华车。个体会在相似性中找到自己的身份。但是，通过许多种细微的差异，个体又展现出自己的独特性。大家都是工程师，但毕业于巴黎综合工科学校或中央高等工艺制造学校的工程师必定占据主导地位。如果大家都有一套西装，穿着高级定制的西装就能鹤立鸡群。

这些会催生一种自恋的等级结构，从低到高若干个不同的级别，对应着不同的标志，目的就是让个体显得与众不同、闪闪发光。个体为了成为全村第一名或者大都市的人上人，也许由此发展出一条出于自恋而向上爬的路径。另一个问题则与自信程度和自我肯定有关，这两点对于生存和在社会中占有一席之地来说至关重要。

越来越依附于“人设”

从亚里士多德的《尼各马可伦理学》中，我们知道存在着积极的自我主义，即自爱。这种自爱倾向于道德美、无私，是一种支撑自我奉献、为他人服务的内在力量。但在招聘面试中，雇方寻找的是能够调动团队、成为领导者、有着强大而坚定人格的强势者，他要具有赢家的个人特点，尤其是对于应聘销售职位的人来说。这种职场的要求也出现在夫妻和家庭的日常生活中。在一些人的想象中，他们偏爱个性强、独立自主、极为自信的伴侣。

当今社会的趋势之一是，我们越来越依附于在他者心目中塑造出来的“人设”，觉得有必要给自己打造一个良好的形象。我们变得依附于想象中别人对我们的看法。我们永远期望得到别人的承认。我们害怕被批评。与其忍受或遭受别人的批评，我们宁愿批评别人。对他人的攻击是一种防御，因为我们在面对自己时感到脆弱。

我们格外注意任何侵犯我们的地盘和权利的行为。不想让任何人抢了我的功劳，不要让我发现那些和我一样的人得到了破格优待，或是和我做同等工作的人得到了额外的报酬。

在这种自恋者的对话中，任何看似恩惠、优待、差别对待的东西都造成反感。但是，在这种敌视各类特权或好处的心态背后，是一种羡慕、忌妒的感觉。自恋者会不断发问：为什么他可以而我不可以？他哪点比我好？这种羡慕，以及想要高人一等、出风头、引人嫉妒的欲望反映出了另一层心理：担心自己无足轻重、没有价值、被人抛弃。

然而，正如我们看到的，在当今社会，一个人的存在感与他拥有的物质价值、财富和权力直接相关。一两百年前，名气源于多种不同的价值。来自反思的价值、教师的水平、哲学家阐明某一社会关键问题的能力奠定了个人名声，甚至使之成为名人。而现在，自我仅仅满足于媒体报道和财富的物质积累。这与过去的区别是显而易见的，形象和受欢迎已经成了目的本身。

顶级自恋者

前文已经引述过阿克顿勋爵的名言："权力导致腐败，绝对权力导致绝对腐败。"我们在各种等级制度或社会中的任一层级都会遇到过度膨胀的自恋者。在难度最低的层级碰到的往往是团队领导和工头，这些人最难对付。他们的性格缺陷会以不加掩饰和毫不节制的方式完完全全地展现出来。但是，自恋者的真正满足感来自权力的积累、对他人的控制或名望的满足。他们会不遗余力地往上爬，攀登到虚荣的塔尖。

正如一位曝光率很高的电视节目主持人所说，政界、电视界、新闻界以及娱乐界都是自恋系统。这些圈子选择、推举和突出那些具有自恋特征、以自我为中心、自吹自擂的人。随着他们在系统中地位的上升，这些个性特征会变得微妙起来，被更好地掩饰起来，变得更加文雅。他们被形象顾问、"公关专家"打造出最佳形象，并且会掩饰最明显的缺陷。

某一年，在法国国庆节的庆祝活动中，游行队伍的末尾，总统在众多摄像机前冲向一群残疾人并高呼："主动帮助生活中的残疾人是当务之急……"这就是公关顾问安排的。似乎某些自恋者天生有一种本事就是与他们的同类打交道。媒体对政治的报道将他们的种种姿态、角色扮演和态度展现无余。在掩饰真相的时候"直视对方的眼睛"说"真话"，这是形象顾问向他们兜售或推荐的一种姿态。那么，该如何对付这种人呢?

无助的受害者

大多数遇到自恋者的人都会有一种无助感。他们会感觉个人价值观或自尊受到了打击。任何反抗在他们看来都是徒劳的，因为他们害怕被操纵，害怕成为受害者。想在这个方面取得进展就要敏锐地识别出对方可疑的态度，确定这些人的人格特质、危害能力以及在人际关系中打击他人的方法。

咨询师经常给出的两条建议是：相信个人价值，与这类人保持距离。与自我膨胀的人或自恋者来往会对个人价值造成永久性伤害。他们打击你的自尊，向你灌输一种无能、不足和失败的感觉来伤害你。他们会巧妙地建立一种依恋的纽带，或者扬言会通过“扫描”你个性的方方面面，来找到你的全部弱点。他们的另一个策略是诱使你付出更多来取悦或满足他们。你付出“更多”，但你还是会有一种付出得远远不够、不被重视的感觉。

这些自恋者在人际关系方面的聪明还会使他们不断改变策略：时不时地奉承你一下，表现得可爱、温柔或关切，使你产生一种在他们面前有了存在感的错觉，然后再次诋毁或鄙视你。这种人际关系能把你折磨得发疯！至于保持距离，我们已经讨论过了：看起来闪闪发光的东西总是令人着迷，吸引和刺激你生出与其站在一起的渴望。

发现这种人之后要谨慎，调整关系距离；一旦知道他们缺乏同情心，喜欢出风头，操纵别人，觉得别人疏远他们就会翻脸，最好与之保持距离。要具有这种意识，必须现实一些，调整期待值，而不是抱有幻想，以为对方会改变。在这些人面前，除了退后一步保持距离，绝不能期待他们回头和表达感激。向他们介绍一个项目或讨论一项决定时，必须强调他们的利益并突出他们的重要性。有时这是一个艰难的游戏，你感觉自己像一个伪君子，以确保他们相信你的话。

简而言之，与自恋者相处，有时候需要保护自己，实现共存，有时候甚至需要反操纵。有些人能够驱使自恋者按照他的意愿行事，因为他可以预见自恋者的骄傲和虚荣心，并为此感到得意。但如果遇上那种既喜欢别人崇拜自己，又能机敏地看破别人的奉承和赞美的自恋者时，相处的难度就大大增加了。这并不容易！当一个人痛苦到了极点，因找不到出路而产生自杀念头时，必须鼓励这个人与自恋者保持距离，离开对方，彻底断绝关系。

社会需要自恋者吗?

在最近的一次竞选中，一位后来当选总统的候选人提出应该关注常规：政府工作的常规和国家元首的常规姿态。从这个角度看，他利用“总统是我”这句名言，通过倡导简朴和道德至上的价值观，拉近了与普通公民的距离。但是，与此同时，社会需要非同寻常的人，有远大计划的人。任何能给人类增添独创思想或提出新知识的人，都是社会的重要资源。

如果一个过度自我的人能在人类共存的平衡中超越自身的领域，比如他是一个非凡的足球运动员、一个杰出的医生、一个有才华的音乐家或一个出类拔萃的科学家，他的缺点将被他罕见的能力——罕见的创造力、阐释重大原理、设想社会计划、提出抽象理论的能力——弥补。

阶段性的教训是什么?

这也许看起来令人失望，甚至过于简单。辨别出自恋者是第一步。弄清楚他们的战术、工具和策略是第二步。接下来就是要能够区分他们是真的具有优点，还是仅仅是个自我过度膨胀的平庸之辈。保持距离，避免被他们打击自尊和个人价值。断绝关系，又是另一个步骤了。这些步骤的实施有时需要第三方的帮助，第三方的中立或客观可以帮助你理清楚某些混乱而复杂情况的真正含义。因此，有必要克服自己的腼腆、含蓄或羞耻感，向你信任的人倾诉。

如果有人认为这些建议有点可笑，他应该知道，这个答案是在许多人和自恋者共处时产生极度孤独感和被遗弃感的经历中得来的。许多受害者在向身边人敞开心扉或在别人的帮助下反思之后会感觉得到了宽慰。人们反思对自身的关注，拥有简单而稳固的自尊，这是一种进步。这种对自身的关注与所谓个人发展、用于发现“真我”的简单伎俩不一样。这种对自身的关注要求认识自己的能力、接纳自己的弱点和他人的弱点，以及肯定自己的自由意志和判断自由。正是这样，它才能让人在面对自恋者的控制手段时进行反抗和不服从。

最后一步是反思自己的态度，避免成为侵犯或破坏他人私人领域的人。